明日ともだちに自慢できる
日本と世界のモノ歴史113

著 冨士本 昌恵　　画 此林 ミサ

PARCO出版

明日ともだちに自慢できる　日本と世界のモノ歴史113　目　次

はじめに……………………………………………………………………… 2

第1章　食卓 ………………………………………………………………… 7

☞ **パン**　〜あんぱん、クリームパン、メロンパン〜 ……………………… 8

☞ **ランチ・ディナー**　〜カレーライス、ナポリタン、オムライス、焼きそば〜 … 12

☞ **スイーツ**　〜ようかん、ショートケーキ、モンブラン、ソフトクリーム〜 …… 16

☞ **アルコール**　〜日本酒、ワイン、ウイスキー〜 …………………… 20

☞ **やさい**　〜トマト、アスパラガス、ハクサイ、ジャガイモ〜 ………… 24

☞ **その他のフード**　〜弁当、インスタントラーメン、レトルトカレー、コロッケ〜 28

☞ **その他の飲み物**　〜缶コーヒー、麦茶、炭酸飲料、ユーグレナ〜 ……… 32

コラム 日本で発見された味 …………………………………………… 36

第2章　暮らし ……………………………………………………………… 37

☞ **衣類**　〜アロハシャツ、セーラー服、学ラン、ニッカポッカ〜 …………… 38

☞ **小物**　〜ビーチサンダル、スリッパ、ふろしき、ランドセル〜 ………… 42

- ☞ バスルーム　〜歯ブラシ、洗浄機付便座、トイレマーク、タオル〜 ………… 46
- ☞ ベッドルーム　〜ベッド、羽毛布団、枕、畳〜 ………… 50
- ☞ 家電　〜テレビ、家庭用ビデオデッキ、電子レンジ、家庭用パン焼き器〜 ………… 54
- ☞ 食器　〜ボーンチャイナ、南部鉄器、マグカップ、カトラリー〜 ………… 58

コラム　耐久性に一本アリ！ ………… 62

第3章　趣味

- ☞ コスメ　〜おしろい、紅、つけまつげ、ネイル〜 ………… 64
- ☞ 時計　〜鳩時計、目覚まし時計、時計塔、クォーツ式腕時計〜 ………… 68
- ☞ 文具　〜シャープペンシル、サインペン、刃の折れるカッター、電卓〜 ………… 72
- ☞ 楽器　〜三味線、琴、琵琶、ピアノ〜 ………… 76
- ☞ おもちゃ　〜凧、コマ、けん玉、ヨーヨー〜 ………… 80
- ☞ 乗り物　〜新幹線、スクーター、電動アシスト自転車〜 ………… 84
- ☞ ゲーム　〜花札、囲碁、将棋、クレーンゲーム〜 ………… 88

コラム　今も昔も人気のゲーム ………… 92

5

第4章　文化 ……………………………………………… 93

- 音楽　〜仰げば尊し、蛍の光、越天楽、アルプス一万尺〜 …… 94
- ことば　〜食べ物系、遊び系、伝統文化系、生活・競技系〜 …… 98
- 祝日・祭日　〜こどもの日、母の日、クリスマス、ハロウィン〜 …… 102
- おとぎ話　〜織姫と彦星の話、アリとキリギリス、月とウサギ、羽衣伝説〜 …… 106
- 美術　〜浮世絵、印象派、南画、遠近法〜 …………………… 110
- 医療　〜iPS細胞、オートファジー、胃カメラ、ペニシリン〜 …… 114
- 宇宙　〜月探査、有人宇宙飛行、宇宙ヨット、宇宙食〜 …… 118
- おまじない　〜ほうき、四つ葉のクローバー、生まれ年のコイン、北枕〜 …… 122

コラム　花火を彩る歴史 ……………………………………… 126

参考書籍一覧 …………………………………………………… 127

6

第1章

食卓

パン、それは酵母菌が生んだ奇跡
ジャパンではお菓子!? に大変身

パンって大好き。特に港町で食べると、おしゃれな外国を思い浮かべちゃうんだ。うふふ。

古代エジプト	古代ギリシャ・古代ローマ	大航海時代
酵母菌で発酵してふくらむパンを発見	人々の食を支える	世界中にパンが伝わる

世界のパンの歴史

小麦栽培がさかんだった紀元前6000年頃の古代メソポタミア。その食文化がパンの始まり。もともとは発酵させない、平たくて硬いパンが食べられていたのですが、古代エジプトで偶然、酵母菌による発酵が発見され、今のような形のパンになっていきました。古代ギリシャの人口増加や、古代ローマの軍隊を支える食べ物……それがパンだったのです。キリスト教では特に、パンは「イエスの肉」、ワインは「イエスの血」として大切にされてきました。

～あんぱん、クリームパン、メロンパン～

> 手に持ってるの、ジャムパン？ それ、明治時代に日本で作られたパンなんだよね……。

第1章　食卓

天文12年	江戸時代	明治以降
ポルトガル船を通じて日本にパンが伝わる	交易の制限・キリスト教の弾圧	様々な種類のパンがうまれる

日本のパンの歴史

室町時代の1543年、ポルトガル船が種子島に来たことで、パンも伝来。当初は、長崎の出島のみに交易が限られるなどしたため、パンは広まらず、ここでパンの歴史が途絶えます。ただし、出島ではコウジ種の酵母を使ったパンが焼かれていました。明治に入ると、外国人向けのパン屋ができました。その後は、日本人好みにアレンジされたパンが次々と作られ、日本中でパンが食べられるようになったのです。

あんぱん

　あんぱんを作ったのが「木村屋總本店」であることは、よく知られています。このあんぱんは明治天皇に献上する際に、吉野の八重桜の花を塩漬けにしたものがのせられました。この日は、1875（明治8）年の4月4日。2001年にはこの日が「あんぱんの日」として登録されています。

　あんぱんに欠かせないあんこの歴史をみると、砂糖が一般的になった江戸時代に、酒まんじゅうなどに入れられるようになります。酒まんじゅうは中国から伝わった肉まんじゅうをアレンジしたものです。伝わった時期は鎌倉時代とも、南北朝時代ともいわれます。しかし、当時の日本では肉食が避けられていたことから、小豆が

クリームパン

　クリームパンは1904（明治37）年、「中村屋」で作られました。発明のヒントはシュークリーム。創業者夫妻がその美味しさを知り、クリームをパンに入れることを考えたのでした。また、クリームには乳製品を使用するので、子どもには栄養もあってよいのでは、という期待もあったとか。

　現在はグローブ型をしているクリームパンですが、初めて作られたころは柏餅型でした。

　おなじみのグローブ型のクリームパンが作られるようになったのは、中に空洞を作らずに完成させやすいからといわれています。中にクリームの入ったパンは、発

メロンパン

　メロンパン、というと、紡錘形のパンをさす地域もありますが、ここで話題にするのはビスケット生地の乗った丸いメロンパン。

　明治時代でも、菓子パンというとあんぱん、ジャムパン、クリームパンなどがありました。しかし、大正時代になってドライイーストが作られるようになると、パンが作りやすくなり、菓子パンの種類が増えていきます。その中で作られるようになったものの1つが、メロンパンです。ビスケット生地の乗った丸いパンは、マスクメロンの形に似ていることから、メロンパンと呼ばれるようになったと考えられています。

使われるようになったようです。
　このように、もともと酒まんじゅうが食べられてきた日本で、あんの入ったパンは菓子パンとして好まれるようになりました。
　この後、木村屋では1900（明治33）年にジャムパンも作られ、現代にいたるまで人々に愛されているのです。

酵段階で空洞ができがちだそう。この空洞を作らないために、**空気抜きのための切れ目**が入れられたのが、グローブ型の始まり。独特な形ですが、合理的な理由があったのですね。
　ところで、「中村屋」と聞いて、ピンと来た人もいるのでは。実はこの「中村屋」、インドカレーでも知られている、あのお店なのです。

　その名前を冠されたメロン（マスクメロン）が日本に入ってきたのは1925（大正14）年のこと。その後、メロンは人々に高級食材としてもてはやされたのです。ネームバリューは抜群ということですね。近頃では、メロン味のクリームが入っているものがあるなど、より本物のメロンを意識したパンに近付いているのではないでしょうか。

大問題！洋食か日本食か…今日の食卓はどっちが並ぶ？

具だくさんみそ汁に凝ってるんだけど、今日は洋食を作るんだ。カレーかなオムライスかな。

インド発！

19世紀

カレーはインド発祥！　当時、植民地だったことから、イギリスに持ち込まれました。北インドではナン、南インドでは米が食べられていましたが、イギリスに伝わったのは、米が使われていたベンガル地方のカレーです。

原料が持ち帰られ、ビクトリア女王に献上されたカレー。イギリスで小麦粉を使った西洋料理風にアレンジされ、すっかり煮込み料理に変身します。19世紀初めまでにカレー粉も発売され、より身近な料理になりました。

～カレーライス、ナポリタン、オムライス、焼きそば～

> それね。たぶん、今や日本の食べ物だよ。とりあえずインドにはカレー粉ないから。

第1章　食卓

明治初期　　　　　　第二次世界大戦後

日本人がカレーに出会ったのは明治初期。当時のレシピでは、具にエビ・タイなどが使われていました。米、肉、野菜とバランスの良いカレーは軍隊の食事に採用され、兵士がレシピを持ち帰り、家庭でも作られるようになります。

カレールウが日本で発明！　日本式のカレーは「ジャパニーズ・カレーライス」としてインドに逆輸入され、カレーと別物ながら美味と評判だそうです。レトルト食品として世界初の商品となったレトルトカレーも作られるようになりました。

ナポリタン

イタリア南部にある都市ナポリ。ふちがふくらんだナポリピッツァで知られ、特にマルゲリータは色も鮮やかで目にも美味しいものです。しかし、同じトマトソースを使った料理でも、ナポリタンはありません。トマトソースのパスタ自体はあるようですが。

ナポリタンは、太平洋戦争後、横浜の**「ホテルニューグランド」**で作られたといわれています。その頃、アメリカ兵がスパゲッティーにケチャップを混ぜて食べているのを見て、総料理長の入江茂忠氏が「より美味しいものを」と作ったのが始まりだそう。

オムライス

オムレツは洋食。それなら、オムライスは?

実は、オムレツの中に米を入れたのは日本人(ああ、やっぱり)。どうりで、どこかなつかしい味がするわけです。

「煉瓦亭」といえば、トンカツの元祖として知られる銀座の名店です。こちらで、1900(明治33)年頃に卵とごはんを一緒に混ぜて作る**「ライスオムレツ」**が生まれ、後に、トマトピューレで炒めたライスを卵で包んだオムライスも誕生しました。

また、1925(大正14)年頃には大阪の「パンヤの食堂」(現在の「**北極星**」)で、**ケチャップライス**を卵で包んだ料理が作られています。

焼きそば

中華料理店のあんの絡む焼きそばは美味しいもの。でも待って。「焼きそば」っていったとき、思い浮かべるのは、**ソース焼きそば**じゃないですかね? 屋台の鉄板でジュージューと焼かれている、あの焼きそば。

焼きそばに使われる中華風の麺は、幕末に日本に入ってきました。

ウスターソースはイギリス生まれ。なんと「ウスター」は地名が由来です。こちらも中華風の麺と同じ頃に輸入されましたが、当初は日本人の口に合わなかったそう。そこで、日本で独自に甘みが加えられます。その味は、洋食が広まるとともに、人々に親しまれるようになりました。

その後、トマトソースがケチャップになったり、学校給食のメニューに取り入れられたりしたことで、おなじみの味となりました。
さらに独自の進化を遂げたナポリタンもあります。名古屋では、鉄板の上に卵を敷き、ナポリタンをのせた、**鉄板ナポリタン**なるものが!? さらなる進化が期待されます。

ちなみに、オムライスに欠かせないケチャップは、アメリカから伝わったもの。一方のオムレツはヨーロッパで作られてきた料理。そこに米がドッキングしてできた奇跡の一皿! 美味しいわけですね。

明治期から人気だったウスターソースですが、ソース焼きそばが一般的になったのは戦後だといわれています。以来、ご当地グルメブームとあいまって、各地でオリジナルのソース焼きそばが作られています。1970年代には、カップ焼きそばも作られるようになり、頼れるお夜食(!?)となっています。

ようかんは羊スープだった!?
甘〜い話にはウラがある

イチオシの和菓子はようかんなんだ。
もしかして本場のようかんなんてある?

「羊(ひつじ)」の「羹(あつもの=スープ)」

長崎から小倉までの長崎街道は、「砂糖の道(シュガーロード)」とも呼ばれていた。

ようかんとは?

ようかんのもとは、中国の羊の肉を使ったスープ。(漢字で書くと「羊羹」)鎌倉から室町時代に、留学から帰って来た僧が伝えたとされています。僧は肉食禁止。そこで、小豆や葛を使って羊の肉に似せた蒸し物を作って、スープに入れたとか。

シュガーロード

遣唐使(鑑真説もアリ)が伝えたとされる砂糖は、もともと薬用だったのですが、ようかんにも入れられていました。江戸時代になって砂糖が輸入されるようになると、様々な甘〜いお菓子が発達してきます。

〜ようかん、ショートケーキ、モンブラン、ソフトクリーム〜

スイーツ好きなんだっけ。
……本場のようかん、本当に食べたい？

現在のようかんルーツ

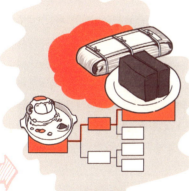

江戸時代後期

冷やしておいしい水ようかん発売

缶詰水ようかん

第1章 食卓

丁稚奉公に出た子どもたちが、竹の皮に包まれた蒸しようかんである「丁稚羊羹」を持ち帰ったりして広まっていきました。その後、寒天を使った練りようかんも作られ、今の形に近付いていくことに。

明治になってから、一般的になった寒天の水ようかん。今では、夏の冷蔵庫にあるとうれしいロングセラーの和菓子です。ちなみに、1934（昭和9）年に初めて缶詰化されました。

ショートケーキ

　ふわふわのスポンジを生クリームとフルーツで飾り付けしたショートケーキ。日本では、ケーキといえばこれ！　というほどの人気のケーキです。しかし、アメリカやヨーロッパを探しても、「**イチゴのショートケーキ**」らしきものはないそうで。

　実は、アメリカやイギリスのショートケーキは、クッキーのようなサクサクしたもので作られています。そもそも「ショート(short)」には**壊れやすい**、という意味があり、ショートケーキの食感そのものといえるでしょう。明治時代に日本に入ってきたばかりの頃は、レシピにも、クッキーのような作り方が書かれていました。

　一方、フランスでは、クリームとイチゴをスポンジで挟むフレジエと呼ばれるケー

モンブラン

　モンブランといえば、アルプス山脈の最高峰。「**白い山**」という意味があるとおり、万年雪に覆われた山です。

　ところが、日本の洋菓子店で見るケーキのモンブランは、黄色いものが多いですよね。あの黄色のグルグルしたクリームは、マロンクリーム。いちばん上に大きな栗の実がのっているものもあり、栗が好きな人にはたまらないお菓子です。

　実は、フランスにもモンブランというお菓子があり、マロンクリームを使うそうです。ただし、その上に、生クリームがのっているそう。見た目は白いのですね。

　では、日本のモンブランはなぜ黄色いかといえば、日本流モンブランを作った

ソフトクリーム

　冷たい食べ物の中では、ソフトクリームが一番という人もいるのではないでしょうか。一方、アイスクリームやジェラートというと、ヨーロッパ、特にイタリアが思い浮かぶのでは。となると、ソフトクリームもヨーロッパ発祥と考えがちです。しかし、ソフトクリームのもととなった、ミルクを雪で冷やしたお菓子、**アイスミルク**は、紀元前2000年頃から、中国で作られていたものだったといいます。

　アイスミルクはマルコポーロによって西洋に持ち帰られます。それが、13世紀のこと。その後、イタリアではシャーベット、アイスクリームを経て、柔らかい食感のものが作られます。最後に、20世紀のアメリカでソフトクリームを作る機械

キがありました。大正時代に「不二家」が作ったショートケーキは、そのようにスポンジと今よりも濃厚なクリームを使ったもので、当時、人気を博したといわれています。

　その後、ショートケーキは、スポンジとクリームを使ったもの、という考えが広まっていったのでした。

迫田千万億氏が、栗の甘露煮を使ったから！そのままでも美味しい、あれです。

　迫田氏のお店はその名も「モンブラン」。生地部分のカステラや栗の甘露煮を使って日本人好みにアレンジした結果、日本流モンブランが誕生したのでした。ちなみに、メレンゲにかかっている粉糖は、モンブラン峰の万年雪をイメージしているのだとか。

が開発され、とうとう1951(昭和26)年に日本上陸！　以来、老若男女を問わず愛されてきた冷たいお菓子です。

　ちなみに、ソフトクリームを入れるコーン。英語のつづりは「cone」で円すい状のものということ。とうもろこしの「corn」とは関係ありません。実は工事現場のコーンと同じ意味の言葉なのです。

サケられない事実！
人とお酒の長いお付き合い

ワインもおいしいけど、ウイスキーは「上流酒」だよね。味わいがだいぶ違うもの！

文明より古い果実酒

醸造酒……穀類や果実、芋などを発酵させた酒
蒸留酒……発酵させた原料を蒸留した酒

ビール　ワイン　焼酎　ウイスキー　日本酒

人類より前にも

発酵した果実による果実酒が最も古く、人類より前から自然にあったとされています。そのため、ハネオツパイのようにアルコールを好む動物もいるほど。やがて人類は穀物でできた酒も飲むようになります。

お酒の種類

果実酒に始まる酒の歴史は、麦芽を用いたビールや、発酵させてできた酒からエタノールを取り出した蒸留酒、酒に香料などをまぜてつくるリキュールなどの混成酒と、時代を経るにつれ、種類を増やしてきました。

～日本酒、ワイン、ウイスキー～

ちょっとちょっと、意味違うよ。「蒸留酒」ね。ちなみに日本酒、ビールは醸造酒だよ。

第1章 食卓

蒸留酒が盛んになったのは、錬金術で蒸留の技術が向上したおかげ

醸造酒の中で最もアルコール度数が高い日本酒

お酒の伝播

紀元前5000年頃にはビール、紀元前1300年頃には、蒸留酒が飲まれていました。また、ローマ帝国の拡大に伴い、ヨーロッパでのワイン造りが盛んになり、大航海時代には、ワインやビールが船に積まれて、世界に広まりました。

日本では？

日本酒の特色である麹による酒造りがいつからあるのか、特定されていません。古いものに口噛み酒がありますが、口で米を噛むなど、日本酒とは作り方が違います。今の清酒のように、すべてに白米を用いるようになったのは15世紀です。

日本酒

熱燗でも冷や酒でもおいしい日本酒。ここ10年で輸出額が3倍近くになり、海外でも「sake」として知られるようになってきました。ロンドンでの「国際ワインコンテスト」でも、2007年からは日本酒部門(Sake category)ができています。

海外からの観光客の中には、日本酒はリーズナブルでいい！　と思う人もいるそうです。良いワインなどに比べると安いためだとか。

1000年以上も前から現代の製法が確立した日本酒は、花見酒、夏越しの酒、月見酒、雪見酒といわれるように、四季を通して愛されてきました。

日本酒は糖化と発酵を同時にさせる製造法によって高いアルコール分(**20度程**

ワイン

ワインの歴史は古いのです。**紀元前4000年頃**には、専用のブドウも栽培されるようになっており、エジプトのピラミッドの壁画にワイン製造の様子が描かれ、「ハンムラビ法典」にもワインの売買に関する法律が載っています。絵画「最後の晩餐」には、キリストの血として神聖かつ貴重なものとして描かれています。

紀元前1000年頃にヨーロッパに伝わったワインは、ローマ帝国によってヨーロッパ全域(フランスのブルゴーニュなどの地方)に広められていきます。

日本に伝来したのは、フランシスコ・ザビエルがやってきた頃。しかし、民間で親しまれるまではいかず、明治維新を迎えます。その後、明治政府がワイン造りを

ウイスキー

ウイスキーの元祖については、**アイルランド**と**スコットランド**、どちらなのかという論争があって、決着がついていません。当初は蒸留後に熟成させなかったので、透明だったとか。

日本に伝来したのは、ペリー来航時(1853年)といわれています。しかし、日本で本格的なウイスキーが造られるまでには至りませんでした。

転機は、大正時代、スコットランドに留学した竹鶴政孝氏がウイスキーの作り方を学んできたことでした。

その後、サントリーの創業者のもとでウイスキーを造り、国産ウイスキーが誕生

度)を作り出している、発酵させて作る酒の中では特殊なものです。そんなところも日本酒好きにはたまらないのかも知れません。
　これからは海外のように、日本人もグラスでチーズというスタイルの人も増えて来るのかもしれませんね。

奨励したり、日本に合ったブドウが作られたりして、日本のワイン造りが始まりました。
　そして、バブル経済の頃になって「**ボジョレーヌーボー**」が流行ると、いっそう人気が高まったのです。日本は最も早く「ボジョレーヌーボー」の解禁日(11月の第3木曜日)を迎える国。そんなところも楽しみながらワインを味わいたいですね。

しました。そして、竹鶴氏はスコットランドと自然がよく似ている北海道の余市で、**ニッカウヰスキー**を創業することになります。
　スコットランドの製造方法から造られた日本のウイスキー。現在では、ジャパニーズウイスキーという名で、世界の5大ウイスキーの1つとして親しまれるまでになりました。

第1章　食卓

「食えない奴」だった野菜が
イケるクチになったワケ

最近、お弁当を作ってるんだ。野菜に困った時ミニトマトって便利だよね。おいしそうな色。

トマトの原産

最初は鑑賞用

原産は、南米のアンデスの高原地域。当初は毒があると思われ、食べる人はいなかったとか。後にメキシコに伝わって改良され、食べられるように！ ヨーロッパに伝わったのは16世紀頃にコロンブスがアメリカ大陸にやってきてから。

ヨーロッパでも200年にわたって、食べられるとは思われず、観賞用のままでした（トマトかわいそう）。しかし、18世紀頃、イタリアで飢饉のためトマトを食べてみたのをきっかけに、ヨーロッパでも食べられるようになったそうです。

〜トマト、アスパラガス、ハクサイ、ジャガイモ〜

昔は、トマトは「見るだけ」の植物だったみたい。もったいない!!

第1章 食卓

いよいよ日本へ

中国を経由して日本に伝わったのは江戸時代の初め頃とされています。当時は「唐なすび」「唐ガキ」と違う名で呼ばれていました。ちなみに、「トマト」という名前は、アステカ人が「トマトゥル（膨らむ果実）」と呼んだことに由来します。

はじめは不人気

日本でもトマトが食べられるようになったのは明治以降。それまではやはり、観賞用だったとか。ただ、生食ではなく、火を通して洋食に使われていたようです。現代では甘みがあるトマトの完熟品が作られるようになり、人気となっています。

アスパラガス

　南ヨーロッパ原産のアスパラガス。古代エジプトでは、高級食材として王様が口にしていたようです。中世では、**薬草**として扱われていたこともありました。

　現在、日本では、緑色のものがよく売られていますが、以前は、「アスパラガス」というと、**ホワイトアスパラガス**のことだったそうです。缶詰に入っているもので、日本で栽培が始まる以前は、輸入物ばかりだったとか。

　ホワイトアスパラガスは、16世紀にイタリア人が飢饉のときに偶然見つけたものだったといわれています。

　缶詰の高級品として扱われていたホワイトアスパラガスは、大正時代に北海道で

ハクサイ

　ハクサイの浅漬けと、白いごはん。お味噌汁に玉子焼き……なんて、和風な朝ご飯だと思いませんか。鍋物にだって欠かせない野菜です。ところがこのハクサイ、舶来品なのです。しかも、歴史がけっこう新しい。

　ハクサイは明治時代、中国から日本に入ってきたといわれています。もともと中国でカブとチンゲンサイの一種が交雑してできた野菜で、日清戦争や、日露戦争で従軍した兵士が、「ハクサイって美味しいんだ！」と広めたそうです。よく食べられるようになったのは、昭和に入ってからのこと。じゃあ、いったい、それまでの鍋物には何が入っていたんだとツッコミを入れたくなります。お出汁を吸った鍋物の

ジャガイモ

　ジャガイモの原産地といえば、南米の高原。世界遺産のマチュ・ピチュでも栽培されていました。**インカ帝国**では、ジャガイモやトウモロコシをよく食べていたといわれています。ジャガイモは、南米に渡ってきたスペイン人によって、ヨーロッパにもたらされます。ただし、花や実を見る観賞用として。当初は調理法が確立されていなかったので、お腹を壊したりしたみたい。

　食用としての栽培を勧めたのが、**プロイセン**（後に、ドイツ帝国の盟主となる国）の王様フリードリヒ大王（1712年～ 1786年）。今でもドイツというとジャガイモ料理のイメージがあるのは、このためかもしれません。

栽培が始められました。今、スーパーの野菜売り場で見かける、**緑のアスパラガス**は、オランダ経由で18世紀後半に長崎に伝わりました。「西洋ウド」などと呼ばれ、観賞用だったそうです。食用としてメジャーになるのは、20世紀中頃（昭和30年代）。「観賞用」の壁は厚かったようですね。

ハクサイ、とっても美味しいのに、ないなんて！

実は、ハクサイを持ち帰ったものの、栽培する上で、**葉が重なり合って丸くなる状態**にするのに苦労したようなのです。

苦労の末、日本でも作ることができるようになったハクサイ。今では**作付面積のベスト3**に入るとか。それだけ人気なのです。

日本には16世紀、オランダ人によって長崎に伝えられました。しかし普及には至らず。1908（明治41）年になって、北海道で、川田龍吉男爵（だんしゃく）がイギリスから購入した品種が栽培されるようになりました。そう、男爵が伝えたから、「**男爵いも**」です。

今では、カレーや肉じゃがの具に欠かせない食材になりました。

第1章　食卓

もっと早く&おいしく！「お手軽メシ」への探求心

今度、電車の旅に行くんだ〜。お昼はどの辺りだろう。駅弁が楽しみだなあ〜。

織田信長が、配った食事に「弁当」と名付けたといわれている

松花堂弁当

千利休が好んだ形の弁当

江戸時代の絵具箱がヒント

弁当の歴史

弁当の歴史は古く、すでに5世紀に、鷹狩りに弁当を持っていったという記述があります。初期の弁当は、干飯（乾燥させた御飯）やおにぎりでした。江戸時代になると、「幕の内弁当」と呼ばれる、芝居の幕間に食べる弁当が登場します。

弁当箱いろいろ

現在では、海外でも「bento」で通じるほどメジャーな存在になり、弁当箱も様々。薄く切った木の板を曲げて作る容れ物は、弥生時代からあるもの。また、中には携帯用ではない松花堂弁当の器のようなものもあり、会席料理にも使われます。

～弁当、インスタントラーメン、レトルトカレー、コロッケ～

最初の駅弁は梅干しのおにぎりだったんだって。今は、すぐほかほかになるのもあって、種類が多いよね。

第1章 食卓

駅弁の歴史

ダッバーワーラーはお弁当を家まで取りに来て、自転車や列車を乗り継いで配達先に届けてくれる

海外の弁当

1872（明治5）年に新橋と横浜の間に鉄道が開通。鉄道網が整備されていきます。1885（明治18）年に宇都宮駅でおにぎりにたくわんを添えたお弁当が売り出され、1889（明治22）年には姫路駅で幕の内弁当が売られるようになります。

インドにも19世紀頃から弁当文化があります。できたての物をダッバーワーラーという弁当配達のプロに届けてもらうというシステムです。発祥は、イギリス統治の時代、自分たちの様式にあった食事がとれるという利点があったようです。

29

インスタントラーメン

　眠れないときのお夜食に、忙しい日のランチやディナーにと、買い置きされているもの、というとインスタントラーメンを挙げる人も多いのでは？　この手軽に食べられるラーメンは、日本発の商品。今では世界でも人気で、一年間に**約1000億食**も食べられています。

　インスタントラーメンの乾燥メンは、**天ぷら**がヒントになっています。メンを油で揚げることで穴ができ、水分も入りやすくなるという一石二鳥の方法なのです。

　とはいえ、1958（昭和33）年に、インスタントラーメンが売り出された当初は「そんなに簡単にラーメンができるはずがない」と信じなかった人もいたようです。そ

レトルトカレー

　カレーがイギリスを経由して、日本の家庭に広まっていったのは、先に触れたとおり。そのカレーをさらに手軽にしたのが、レトルトカレーです。こちらも、お夜食に、忙しい日の食事にと、買い置きされる率の高い商品です。近頃では電子レンジ対応のものもあり、本当に便利。

　レトルトカレーが売り出されたのは1968（昭和43）年のことで、温めれば具が入ったカレーができちゃうという画期的なもの。ただし、当初は**賞味期限が2～3ヶ月**しかなかったため、売れませんでした。その後、賞味期限が2年に延びて、人気を博し、今では年間生産量が14万トンもあります。これは、レトルト食品全体

コロッケ

　おやつにもおかずにもサクサクはふはふと美味しいコロッケ。庶民の食べ物の代表格といえるでしょう。お肉屋さんで売られていることが多いですが、これは、肉の切れ端なども入れられるから。お店にもお客さんにもうれしい食べ物です。

　このコロッケという名前は、フランス語の「**croquette（クロケット）**」だといわれています。フランス料理がもとなんて、もしかしてオシャレな食べ物なのかも、なんて思っちゃいます。このクロケットは文明開化によって西洋からもたらされたといわれています。しかし、すでにポルトガルの「**croquete（クロケッテ）**」という料理が伝えられていたという説もあります。

こで試食販売を行い、口コミで売上げを伸ばしていったそうです。
　また、それぞれの国や地域に合わせて、メキシコではチリ味のラーメン、ベトナムでは酸味と辛みが特徴のラーメンが売られているとか。海外でも、お夜食に食べている人がいるかも知れませんね。

の45％を占める割合です。インド人の次にカレーをよく食べるといわれる日本人ですが、カレーの出荷額のうち、4割近くはレトルトカレーによるもの。
　レトルトパウチ技術は、1950年頃にアメリカで、軍用の食品のために研究していたものでした。まさか、その研究が、日本の食卓を彩るとは、考えていなかったでしょうね。

　いずれにせよ、南蛮渡来の食材、ジャガイモをたっぷり使ったコロッケ。すでに明治時代初期に似たような料理が作られていたようです。人気に火がついたのは、1920（大正9）年、帝国劇場の劇中でコロッケのことが歌われたことがきっかけという説が有力。
　一世紀近く経った今も、変わらない人気を誇るコロッケなのでした。

いろんな味を楽しみたい！
多彩さを増す日本の飲み物たち

夏やったら、やっぱレイコーちゃう？

コーヒーの始まり

万博で人気！

900年頃、アラビア人の医師が薬としてコーヒーを扱ったそうです。日本に伝わったのは江戸時代の出島にて。アイスコーヒーは明治時代には存在し「氷コーヒー」と呼ばれました。瓶に入れて井戸や氷で冷やしたものを指したようです。

今では種類も多い缶コーヒーですが、発売されたのは1969（昭和44）年。UCC上島珈琲の創業者である上島忠雄氏が、世界で初めてミルク入り缶コーヒーを開発しました。翌年にあった大阪万博の会場で売られ、人気爆発！

～缶コーヒー、麦茶、炭酸飲料、ユーグレナ～

いつのまに関西弁になったの？ レイコー（冷珈）ってアイスコーヒーのことだよね。実は日本で考えられたものなんだよ。

自販機の普及

自動販売機の普及が缶コーヒーを身近にしてきました。普及し始めたのは1960年代。日本特有のホット＆コールド機が急速に増えたのが1974年頃。健康志向が高まった80年代には、無糖のブラック缶コーヒーが誕生しました。

海外では？

イタリアやブラジルなど、コーヒーがよく飲まれる国では、冷やしたコーヒーはメジャーではありません。アイスコーヒーを飲む人は海外でも多くなっているようですが、缶コーヒーは、まだ、世界では受け入れられていないそうです。

第1章 食卓

麦茶

　麦茶のもととなる大麦は約1万3000年前より**メソポタミア、インダス文明**の栄えた地域で栽培されており、日本には約2500年前の縄文時代末期までに伝わったといわれています。

　平安時代になると、麦茶が作られるようになり、貴族の間で飲まれるようになりましたが、庶民にはまだ手が届かない高級品でした。また、武将にも好まれ、戦国武将も飲んでいたとか。陣地に持ち込む武将も多かったようで、ちょっとした遠足気分になりそうですね。

　庶民に広まったのは江戸時代のこと。この頃には「**麦湯**」と呼ばれて親しまれて

炭酸飲料

　自動販売機を見れば、必ず1種類は売られているのが炭酸飲料。シュワッとする飲み心地がくせになる飲み物です。炭酸飲料の歴史は古く、**クレオパトラ**の時代が始まりだという説があります。ワインに真珠を入れて、溶け出した炭酸カルシウムによって炭酸水になったものを飲んでいたとか（かっこいい）。どちらかというとスパークリングワインですね。

　炭酸飲料が本格的に生産されたのは、1770年代のヨーロッパのこと。そして、1808年になると、アメリカで果汁を使って味付けされます。

　日本に入ってきたのはペリー来航時（1853年）です。炭酸レモネードを持ってき

ユーグレナ

　ユーグレナって何？　という人もいるのでは。または、スーパーの飲み物売り場でユーグレナという言葉を見て、何ソレと思った人もいるのではないでしょうか。

　実は**ミドリムシの学名**がユーグレナなんです。ミドリムシって、藻の一種のアレです。まん中が膨らんだ、細長い形が特徴的ですね。学名のユーグレナもその形にちなんで、「**美しい目**」という意味だそうです。何と、5億年も前からいました。

　実は、ミドリムシは植物と動物の両方の栄養を含んでいる生き物なのです。近年、日本の企業が大量生産に成功したこともあり、ユーグレナ入りドリンクやヨーグルト、パンなどが売り出されるようになりました。中には人気ですぐに完売したものも。

いました。夏の夕方になると、麦茶を売る「麦湯屋」が現れて、人々の憩いの場となりました。明治時代になっても、東京の下町では、麦湯が売られていたそう。

明治時代には、家庭でも炒り麦を買って作られるようになった麦茶。昭和30年代になって、冷蔵庫が普及すると、冷やして飲むようになりました。

ていて、幕府の役人が飲んだとか。瓶詰めだったので、栓をあけるときに「ポン！」と音がするので、「ポン水」と呼ばれていました。

その後、日本でも良質な炭酸水が見つかり、サイダーが作られたり、コーラが流行ったりして、今ではおなじみの飲み物に。種類の多さに海外の人は驚くそうですよ。

ユーグレナは、**魚や肉に含まれる栄養素**もとれ、**栄養の吸収率も高い**生物です。また、大量に培養できることから、食料不足や栄養不足にも対応できるのではと期待されています。

そのうち海外の街角でも、ユーグレナ入りドリンクを「ヘルシー」っていいながら飲む人が見られるようになるかも知れません。

日本で発見された味

　ホウレンソウのおひたしを作ったときや、味に深みを出したいときに、さっと一振りするのが、うまみ調味料。味に深みが出て、素材の味が引き立てられるのを感じる人も多いのでは。
　この調味料、実は日本で発明されたものなのです。
　うまみ調味料が売り出されたのは1908（明治41）年のこと。
　みそ汁などを作るとき、昆布で出汁を取ることで、美味しくなる理由を考えたのが、発明のきっかけだったといわれています。研究の結果、うまみの元となる成分が見つかりました。
　しかし、うまみに注目した人は、それまでおらず、商品になるかどうかもわからない未知の調味料でした。そもそも、それ以前は味といえば、甘味、酸味、塩味、苦味の４つだと考えられていたのですから、うまみを見つけたこと自体が、大発見だったわけです。こういった事情もあって、販売当初はなかなか売れず苦戦したようですが、やがて日本に定着し、海外でも売られるようになりました。海外に広まった日本発の調味料は、「umami」として辞書に載るまでになりました。
　きっと、手軽にうまみを加える調味料は、料理に深みを出すために、今日も世界のあちこちで使われているのでしょうね。

第2章
暮らし

街で見慣れたあの服たちは
あの手この手で現在の姿に！

ハワイでアロハシャツ買ってきたよ～。ハワイらしい格好で写真を撮りたくて、向こうで買ってすぐ着ちゃった。

農作業着から

19世紀後半から20世紀初頭にかけて、ハワイでは、サトウキビ畑での労働者を受け入れており、日本から移民が海を渡りました。サトウキビ畑で働く人々が着ていたのが「パラカ」というシャツ。これがアロハシャツのもととなりました。

リサイクル精神で

日本人の移民は、着られなくなった着物を使って子ども用のパラカ風シャツを作りました（モッタイナイの精神ですね）。着物の柄が、現地の人の目にもオシャレに映り、和風の柄でシャツを作るようになり、アロハシャツが誕生します。

～アロハシャツ、セーラー服、学ラン、ニッカポッカ～

同じようなこと、昔のハリウッドスターもやっていたみたいだよ。アロハシャツには日本からの移民の影響があったって知ってた？

第2章 暮らし

一大観光地に

ハワイの定番

1930年代に、ハワイが観光地としてメジャーになってくると、アメリカ本土からやってくる人が増え、土産物としてのアロハシャツの需要も高まりました。ハリウッド俳優も、ハワイのアロハシャツを着て写真を撮ったといいます。

第二次世界大戦後は、レーヨンが使われるなど、素材やデザインも変化しました。日本人にとっても、ハワイはメジャーな海外旅行先となっている現代。アロハシャツをハワイならではの服として、お土産に買い求めることも増えました。

セーラー服

　最近は制服というと、男女ともブレザーの学校も増えてきました。けれども、女子の制服として、未だに人気が高いのがセーラー服です。

　sailorとは「**船乗り、水兵**」の意味。セーラー服はもともと、イギリス海軍で着られていた服でした。これが、子ども服として人気になります。その後、女性の服としても着られるようになりました。やがて、19世紀末になると、多くの学校で女子学生の制服として使用されるようになります。

　日本で女子の制服として着られるようになったのは、大正時代の1920年のこと。最初はワンピースの襟がセーラー服として特徴的なものになっている制服でしたが、

学ラン

　男子学生の制服で、詰襟のものを「学ラン」といいます。「学」は「学生」あるいは「学生服」の略だとして、「ラン」は何？　実は国名で、オランダの「**ラン（蘭）**」に由来しているといわれています。江戸時代には、洋服のことを一般に「蘭服」といいました。また、隠語では「ランダ」といったのです。「学生」の「ランダ」だから、「学ラン」というわけなんですね。

　独特の形は、西洋の**軍服がモデル**だともいわれています。制服として今のような形の学ランが定められたのは、明治時代、東京帝国大学でのことのようです。それもあってか、当時の学ランは、エリートへの憧れのシンボルでもあったとか。

ニッカポッカ

　とび職の人がはいている、足元がゆったりとしていて、裾はピッタリとしたズボン、ニッカポッカ。

　はじまりは、オランダの男の子が着る膝丈のズボンをもとにした服で、19世紀のアメリカで「**ニッカポッカーズ**」という名前で呼ばれていました。裾が絡まないというので、自転車に乗ったり、ゴルフをしたりするときにも着られたズボンです。この頃は、膝丈のゆったりしたズボンと、ソックスという組み合わせが定番。

　日本では終戦前後に軍服の部類として扱われていましたが、機能性の良さから後に作業着として着られるようになります。半ズボンだった頃のおもかげはどこへや

1922(大正11)年には今のような上下分かれた形のセーラー服も登場します。

第二次世界大戦後、再び女子の制服として脚光を浴びたセーラー服。

今では、コスプレなどでも着られるようになり、海外でも「sailor fuku」で通じるようになっているとか!?

第二次世界大戦後、次第に大学生の服は私服へと変化しました。以後、主に、中学校や高校の男子の学生服として定着した学ラン。

近年では、男女ともブレザーという学校が増えていますが、半数以上の中学校で制服として着られているといわれています。

ら。すっかり丈長になって、足首まであるズボンへと進化を遂げます。

形が変わっても、動きやすいことには変わりがなく、海外では、機能的な服として重宝する人もいるほか、近年ではファッションアイテムとして日本のニッカポッカを着る人もいるようです。

初めてドレスを着たのは?

18世紀後半
ウェディングドレスは英国のヴィクトリア女王が結婚式で真っ白なドレスを着たことから人気が出ました

1873年
日本では磯部於平(おつね)という女性が初めてウェディングドレスを着ました

ですが当時は輸入品で高級なため定着せず…
第2次世界大戦後国産ウェディングドレスメーカーが誕生し現在のように多くの人に着られるようになりました

そして動物界で初めてドレス姿になるのは…
ワ・タ・シ!!
え…こんな時もオシリそこは出すんだね

第2章 暮らし

ミリオンヒットなのに目立たない アイディアグッズの起源とは!?

見て見てハワイで買ったビーサン。海で遊ぶのにぴったりの履き物だよね。南国リゾート気分♪

由来は…草履!?

第二次世界大戦後、アメリカからやってきたレイ・パスティン氏は、日本の草履を見て、左右で形が違うゴム製の草履を考案。1952年に、日本のゴム製品を扱う企業が製造し、商品化されました。翌年には、アメリカで売られるように。

ビーサンフィーバー

こうしてできたビーチサンダルは、ハワイでサーファーに注目されるなどして、1ヶ月に10万足も売れるヒット商品に。1955年に逆輸入されて以来、日本でもビーチで履くものとしてメジャーになります。

～ビーチサンダル、スリッパ、ふろしき、ランドセル～

フフフ……。ビーサンのルーツは意外にも南国生まれじゃなくて、日本の〇〇〇からなんだよ！

第2章 暮らし

複数業種による合作

主要生産地の神戸市長田区はビーチサンダルで活気づきます。製作においても、サンダルの台になる部分のゴムを作る、鼻緒を焼く、組み立てをするというように、パーツや工程によって業種が分かれていました。

世界のビーサンに

現在では世界各地において、ビーチだけではなく、ふだんから愛用している人もいるようです。デザインも街歩きにふさわしい、おしゃれなものもあります。各国の呼び名も様々です。スペイン語では「サヨナラ」なんて、おもしろい！

スリッパ

　家にお客様が来る前に、玄関にスリッパをそろえておく——どこかで見たことがあるような光景です。スリッパはもちろん、靴を脱いだお客様が履くもの。

　スリッパが生まれたのは、黒船来航をきっかけに、外国人がやってくることが増えた、幕末から明治の日本でした。日本の家に入る時、履物を脱ぐのが一般的です。しかし、欧米から来た人々にはその習慣がなく、靴のまま部屋に上がろうとしました。旅籠など、当時の宿泊施設では苦労したといわれています。そこで作られたのが、室内で履くためのスリッパ、ということなのです。当時は、**靴のまま**、スポッと履くこともあったというスリッパ。そのために、前の部分だけが覆ってあるんですね。

ふろしき

　以前は、ちょっとした荷物はふろしきに包んで運んでいました。例えば、お届け物や、書類の束などを紫色のふろしきに包んで持っている人を、見かけたことがある人もいるのでは。

　奈良時代からあったともいわれるふろしき。特に**お風呂に入るとき**に使われていたようです。なるほど、漢字で書くと「風呂敷」ですものね。室町時代に足利義満が湯殿を作った際、そこに招かれた大名たちが、家紋入りの布に衣類を包んだという記録があります。江戸時代でも、銭湯で荷物を包むのに四角い布が使われていました。

ランドセル

　小学1年生といえば、黄色い帽子をかぶって、ランドセルを背負った姿が思い浮かぶのではないでしょうか。通学カバンとしてのランドセルは、日本ならではのものです。名前の由来は、オランダ語で背のう(軍人用の四角いかばん)を表す「**ランセル**」。

　日本でも当初は陸軍の歩兵の間で使われていました。最初に通学カバンとして使われたのは明治時代。当時の皇太子であった後の大正天皇が小学校へ入学するとき、伊藤博文が贈ったのがきっかけ。その後、子どもが学用品を自分で運ぶためのカバンとなりました。革製品ということもあり、一般庶民まで広がったのは高度経済成

日本では、いつしか来客や住人が室内で履くためのものとして定着しました。

かつては靴についた土などで部屋を汚さないためのものであったのでしょうが、現在では**お客様の足を汚さないためのもの**になっているような気がします。おもてなしの精神ですね。

明治時代になると、緑の地に白く**唐草模様**が描かれたふろしきも作られるようになり、庶民にもてはやされます。

昭和に入って紙袋やカバンが普及すると、次第に使われなくなっていったふろしき。しかし、最近はエコブームのためか、ふろしきを扱う店も見られるようになりました。今では日本土産としても人気のようです。

長期の時代あたり。後に、ランドセルといえば小学生の代名詞！ともいえるアイテムになりました。

現在、ランドセルは海外で人気があるそうです。**しかも大人用**。SNSなどにランドセル姿の画像をアップする人もいます。どうも、丈夫さとデザインが受けている模様。そのうち日本でも大人が背負うかも!?

変遷には理由アリ

＊木の札に文字を書き、帳簿や荷札などに使った

45

歯みがきはお釈迦様の教え？
水回りグッズのあれこれ

ああ〜歯を磨きたくない〜。めんどくさ〜い。
も〜誰が歯磨きの習慣を考えたんだろう〜。

房楊枝

皆さん歯磨きしましょうね

歯木から始まった

古代インドでは、「ニーム」の小枝を歯木（しぼく）して使っていました。今でもインド、アフリカなどで抗菌作用があるものとして重宝されています。イスラム教では、歯木「ミスワーク」できれいにする習慣があり、今でも使われています。

仏教とともに

日本において、歯を掃除する習慣は、奈良時代に仏教と一緒に伝わったとされています。仏教では楊枝（ようじ）で歯をきれいにする習慣があったからです。また、江戸時代までは、房楊枝（ふさようじ）という、木の繊維の一部をほぐしたものも使われていました。

～歯ブラシ、洗浄機付便座、トイレマーク、タオル～

仏教でもイスラム教でも口の中をきれいに！という教えがあるよ。いっぺんインドで修行してみたら？

中国発祥説

明治時代

第2章　暮らし

歯ブラシはヨーロッパの発明なのでしょうか？実は中国だという説があります。10世紀頃、中国で象牙の柄と動物の毛を使った歯ブラシが作られており、それを西方に持ち帰った人が、ヨーロッパで発展させたといわれています。

現在使っているような歯ブラシが日本に入ってきたのは、ご多分に漏れず明治時代。アメリカから伝わりました。房楊枝も大正時代まで作られていたといいますが、歯を磨きやすい歯ブラシに取って代わられました。

47

洗浄機付便座

　海外からやってきた観光客が驚くのが、おしりを洗うトイレがあること。ボタンを押せば水が出る、あれです。日本では家庭の70％についているともいわれています。国によっては、硬水のため石灰がノズルに詰まるとか、わざわざおしりを洗うことに抵抗があるなどという理由もあるようで……海外ではなかなか導入されないといわれていますが、使ってみた人はみんな、「**気持ちいい**」と思ってしまうとか。罪深いですね、洗浄機付便座。洗ってくれるのは温水で、しかも、便座までほんのり暖かいし。

　温水の出る角度や温度まで計算し尽くされている細やかさに、海外から来た人の

トイレマーク

　ピクトグラム（絵文字・絵単語）の原形は20世紀初めにオーストリアの哲学者、オットー・ノイラート氏によって作られました。ウィーンの展示館のためのもので、アイソタイプと呼ばれ、絵の組み合わせによって意味を表しました。

　ピクトグラムが大々的に使われたのは、1964（昭和39）年の**東京オリンピック**でのこと。トイレマークをはじめ、医務室や競技を表すマークも作られました。このときのトイレマークの女性は、ふんわりスカートのお嬢様。これらのマークは好評で、その後のオリンピックにも引き継がれています。東京オリンピックのピクトグラムの成功は「絵文字の国際リレー」とも呼ばれています。

タオル

　「高品質」「安全」「安心」！ MADE IN JAPANのふわふわタオル。湯上がりに顔に当てたときの気持ち良さ！　もう一度、お風呂から上がってきたいくらいです。

　紀元前2000年頃のエジプトでは、すでにタオルのようなものが使われていたとされています。また、古代ローマでも、バスタオルが使われていたとか。けっこう歴史は古いのです。語源はスペイン語の**トアーリャ**、フランス語の**ティレール**の説があります。

　日本に伝えられたのは1872（明治5）年。当時は、首に巻いて使われることもありました。その後、日本でも生産開始。大阪では手織りでのタオルづくりに成功

中には、日本で使って気に入ってしまい、買って帰る人もいるという洗浄機付便座。なかなかの中毒度です。特に中国、台湾の人に人気だとか。

ほかにも、トイレの給水タンクの上に手洗いがついていたり、**水の流れが大と小、2種類**あったりと、日本のトイレは工夫がいっぱい、魅力もいっぱいなのでした。

1970（昭和45）年に**大阪万博**がありましたが、現在おなじみの三角スカートをはいた女性を描いたトイレマークも、この万博で導入されています。スカートが控えめだったせいか、最初はトイレのマークと分からない人もいたそうです。

今では当たり前のマークも、使い始めの頃は慣れるまでに少し時間がかかったようですね。

します。のちに、機械で織られるようになり、タオルはしだいに世間に広まっていきます。

また、日本製のタオルが、贈答品としても用いられるなど、高級なイメージのあるタオルも出てきました。今までは、日本産のタオルが、海外にも売られる時代になっています。

ファラオ、十字軍にヴァイキング！
日本の寝室は超エキゾチック

ふん！　日本人なら畳にふとんじゃね？
ベッドなんて西洋かぶれじゃねーの？

| 古代エジプト
紀元前3200頃 | 十字軍
11世紀 | 中世ヨーロッパ
14世紀〜 |

世界のベッドの歴史

エジプトでは紀元前3200年頃に、すでにベッドがありました。その後、14世紀になると、天蓋付ベッドが使われるようになりました。この時代までは、ベッドのための部屋、つまりベッドルームはなく、カーテンなどがしきりになっていました。カーテンは十字軍がヨーロッパにもたらしたそうですよ。ベッドルームの登場は、15世紀になってからのこと。20世紀になると、現在のようなスプリング入りのマットレスが作られるようになります。

〜ベッド、羽毛布団、枕、畳〜

なーにカリカリしちゃって。日本も奈良時代にはベッドがあったんだよ。現存する国内最古のベッドは正倉院にあるみたいよ。

| 奈良時代 | 平安時代 | 明治時代 |

日本最古のベッド

日本のベッドの歴史

日本では、竪穴式住居の頃から、ふだんの生活の場と分けて、寝るためのスペースを設けることがありました。木の足がついた台型のベッドは、奈良時代に中国から伝わってきたものです。しかし、平安時代には畳の上に寝るようになり、ベッド文化はすたれていきます。当時はまだ、庶民にとって畳は贅沢品で、わらの中で眠っていた人もいたといわれます。西洋のベッドを日本人が知ったのは明治時代。現在では全世帯の6割で、ベッドが使われるようになりました。

第2章 暮らし

羽毛布団

　ふわふわの掛け布団といえば、羽毛布団。使われ始めたのは北欧でした。何と、1200年くらい前の**ヴァイキングの墓**から羽毛布団が発掘されています。日本では平安時代。まだ、掛け布団も登場しない頃のことです。そんな時代から、軽くて暖かい布団で寝ていたんですね！

　羽毛布団はドイツやフランスなどでも使われるようになりますが、贅沢品。なかなか一般人には手が届かない品だったようです。これが産業革命の時代になると、羽毛布団づくりも機械化され、一般の人々にも使われるようになっていきます。

　日本では明治維新以降に舶来品として入ってきたといわれています。しかし、ごく

枕

　枕は、古代ではエジプト、**ツタンカーメン王の墓**などから見つかっています。少なくとも紀元前1300年頃には存在したようです。また、「枕を高くする」という言葉は、中国の戦国時代（紀元前403～221年）の言葉を集めた『戦国策』という本に出てきます。そんな中国から伝わったのが陶枕という陶器の枕（夏はひんやりで◎！でも、硬そう……）。陶枕や時代劇などに出てくる枕は箱形であったり、小さな円筒型であったり、頭全体をカバーする感じではありません。髷を結っている時代は、**髪型を崩さないために**、首に当てる枕が便利だったのです。

　明治維新後、髷を結う人が少なくなり、枕も変化しますが、まだ、そば殻などが

畳

　畳の始まりは、ござを重ねたものに縁をつけた御床畳で、奈良時代のもの。正倉院に収められています。この畳は木の寝台の上に敷かれるものでした。当時は、使う人の身分によって**畳の厚さ**や**へりの色**が異なっていたようです。

　その後、このような畳が敷き布団の代わりに置かれるようになっていきます。しかし、まだ庶民には手の届かないものでした。

　今のような形で、部屋中に敷き詰められるようになったのは、鎌倉時代以降のこと。**茶道**が発展するようになると、町人の家でも使われるようになってきます。

　庶民が使えるようになったのは江戸時代の中頃のことでした。以来、現代に至

限られた人しか使っておらず、高級品でした。農村では**わらやもみ殻**、海岸地域では**海藻**を袋につめたりして寝具として使っていた地域もあるようです。
　庶民にも普及したのは、1960年代後半頃だといわれています。バブル期を経て、広まってきた羽毛布団。今ではベビー用の羽毛布団もあるほど、種類も増えています。

入った小さめ、硬めの枕が一般的でした。
　現代のような平らな枕が使われるようになったのは、第二次世界大戦後、欧米の影響を受けてのことだとされています。日本でのふわふわ枕の歴史、案外浅いものなのですね。
　ちなみに、ホテルのベッドに枕がたくさん置かれているのは、自分に合った枕や、枕の置き方を選べるようにといわれています。

るまで、日本の家には畳が定番になりました。一時はフローリングにとってかわられそうになりましたが、今では「防音・断熱」などの観点で見なおされています。
　現在では、禅宗に関わる文化や、日本のアニメなどの影響で、海外でも畳を使いたいと感じる人が増えているとか。

エンタもグルメも何でもござれ 家電はあなたのコンシェルジュ

今の液晶もいいけど、昔あったブラウン管テレビって、なんか丸っこくてかわいかったよね。

ブラウン管、誕生！

少し前まで使われていたブラウン管テレビ。これを考案したのは、浜松高等工業学校の高柳健次郎助教授（当時）でした（1926年）。最初に映し出されたのは「イ」の文字。当時のテレビは丸く、画像を明確に映すには、不十分なものでした。

ブラウン管の実用化

1933年になって、ロシア系アメリカ人技術者のツヴォルキンによって、より鮮明な画像を映せる装置が開発され、ブラウン管テレビは実用レベルになります。この技術を使い、ドイツはベルリンオリンピックのテレビ放送をしました。

～テレビ、家庭用ビデオデッキ、電子レンジ、家庭用パン焼き器～

> テレビもどんどん進化するよね。今はなつかしい家電になっちゃったけど、ビデオデッキも実は、日本発なんだ。

第2章 暮らし

1950年代

三種の神器

日本では、第二次世界大戦中、テレビの開発が止まりますが、戦後は「三種の神器」と呼ばれる庶民の欲しい物の筆頭にあげられるようになります。1953年には国産白黒テレビが発売し、その年の瀬にはNHK紅白歌合戦が初放映されました。

衛星放送始まる

1963年、アメリカ―日本間で衛星中継が始まります。このとき、初めて流れたニュース放送が、アメリカのケネディ大統領の暗殺でした。その後、1964年の東京オリンピックなどを通じて、次第に家庭に普及していきました。

55

家庭用ビデオデッキ

　今、録画機器といえばDVDかブルーレイを使っている人が多いのではないでしょうか。しかし、一昔前は、VHSビデオが主流でした。ちなみにVHSは「**ビデオ・ホーム・システム**」の略です。実は、1976（昭和51）年にVHSのビデオデッキを作ったのは、日本の企業です。

　このビデオデッキ、本社にいわずに、**たった4人だけで**こっそり開発を始めたのだとか。それまでは高価で放送関係業務で使われていました。それを家庭用として設計したことが功を奏し、世界標準となったVHSのビデオデッキは、一般に広まっていきます。だいたい1本のテープに2時間録画できたので、野球などのスポーツ

電子レンジ

　近頃の冷凍食品って、けっこうおいしいですよね。何もしたくない日でも、電子レンジで温めるだけで、それなりの食事をとれるって、便利なものです。

　しかし、電子レンジで使われる**マイクロ波発生装置**、もとは軍事用の航空機の接近を捉えるレーダーに使われていたものでした。第二次世界大戦中に、アメリカの技師がマイクロ波の影響で、熱が発生することに気づきます。きっかけは、マイクロ波をあてると、ポケットの中の**キャンディー**がとけたことでした。そこで、マイクロ波を使った調理器を開発。1947年に、アメリカで電子レンジ第1号が登場します。

家庭用パン焼き器

　朝、焼きたてのパンがあったら、おしゃれな一日が過ごせそうな気がする……ときはありませんか。それも夢じゃありません。材料を入れておけば、自動で美味しいパンが焼けてしまう家電があるじゃないですか！　この家庭用の自動パン焼き器、何と日本のメーカーが世界で最初に作った製品なのです。よく考えたら、材料を入れて放っておけば主食ができるってパターン、まるで炊飯器じゃないですか？

　発売されたのは、パン食が増えてきた1987（昭和62）年。どの地域でも、おいしいパンが焼けるように試行錯誤の毎日で、製品ができるまでに**5000個**のパンを試作したという話です。さらに、この家庭用の自動パン焼き器は輸出されるように

や映画のような長時間番組の録画にも適していました。

その場で見るしかなかったテレビ番組が、あとから見られる便利さ。やがて、レンタルビデオ店などができ、ビデオがより使われるようになっていきます。

ビデオデッキは、新しい娯楽を生み出した家電ともいえるでしょう。

電子レンジには、加熱ムラをなくすために食品を回す**ターンテーブル**がついていることがありますが、このターンテーブルは日本で考えられたもの。1966（昭和41）年に初めて作られました。

軍事目的のものが調理器になり、工夫されてより快適に使えるようになったなんて、平和的！

なり、アメリカ、ヨーロッパ各国、オーストラリアなど多くの国で使われるようになりました。

その後も着々と開発が進んでいるパン焼き器。今では、お米でパンを作ってくれるものや、うどんやパスタとレパートリーが広いものまで、様々な種類が売られています。パンがより身近になりそうですね。

第2章 暮らし

海を越えゆく食器たち
白にも黒にも独特の技術あり！

おばあちゃんの誕生日に、ボーンチャイナをプレゼントしたんだ。オシャレな人だから喜んでくれたよ～。

ボーンチャイナの誕生

ボーンチャイナって知っていますか？　ボーンとは、骨（bone）のこと。なんと、原料に牛の骨灰(こっかい)が使われています。チャイナとは、白磁(はくじ)のことです。13世紀以降、ヨーロッパには、中国の白磁や、日本の有田焼などが海を越えて伝わっていました。しかし、ヨーロッパには、日本で磁器を作るのに使っているような土がなかったため、牛の骨灰を使ったというわけです。その独特の白さが魅力的。ボーンチャイナはイギリスで誕生し、次々と生産されるようになります。

～ボーンチャイナ、南部鉄器、マグカップ、カトラリー～

ヨーロッパの人が、有田焼とかを見て作りあげたんだってね。それはもぉ～魅力的。ところで、ボーンチャイナの材料って知ってる？

第2章 暮らし

日本では？

東洋の白い磁器の影響を受けたボーンチャイナ。日本に輸入され、日本人もまた、魅力を感じました。そこで、日本製のボーンチャイナが1933（昭和8）年に作られ、その数年後には、ティーセットなどが輸出されるようになります。

規格がある

イギリスのものという印象が強いボーンチャイナ。ウェッジウッドが有名ですね。白さの決め手となる骨灰の量は、各国で規格があります（イギリス35％、日本30％、アメリカ25％）。白さを保つ秘密は、こんなところにもあります。

南部鉄器

鉄ならではの黒さが魅力の南部鉄器。現在の盛岡市周辺で作られる**鋳造の鉄器**です。鋳造とは金属を溶かして鋳型に流し込むもの。コインなどと同じですね。

始まりは、江戸時代の1659年に藩主の南部重直公が、地元の鉄を使って茶釜を作ることを考えたことでした。そのため、京都から専門の職人を呼んだのです。1750年頃から作られるようになった鉄瓶は、丈夫さや、鋳物ならではの肌触りもあって人気となり、江戸にも伝わっていきました。

明治維新後も使われ続けている南部鉄器。日本を代表する伝統工芸です。しかし、アルミのやかんなどに比べると、重いという欠点もありました。

マグカップ

朝の一杯のコーヒーを飲むため、仕事から帰って、くつろぎのお茶を飲むため、そんなときに大活躍のマグカップ。

もともと、陶器のカップは東アジアで作られていました。それがヨーロッパに伝わって**取っ手**がついた、という説があります。18世紀頃は、カップに入った飲み物をソーサーに移して飲む習慣がありました。（現代の感覚だとお行儀悪いかも？）

その後、円筒形の大きいカップができて、マグカップになったということです。

現代のマグカップは、とてもシンプルな形をしていますが、このような形の元祖ともいえるのが、20世紀のフィンランドのデザイナー、カイ・フランク氏が作っ

カトラリー

素敵なレストランに行くと、美味しいのはいいのですが、ナイフ・フォーク・スプーンなどのカトラリーがいっぱいあって、「外から使うんだっけ、内側だっけ」と迷いがち。どうしてあんなに種類があるのでしょう。

カトラリー（cutlery）とは、**切るもの**を表す言葉です。まずは、食材を切り分ける**ナイフ**が作られました。ナイフの先が丸くなったのは17世紀のフランスのこと。当時は尖ったナイフの先をつまようじがわりにしていたらしいのですが、宰相のリシュリューはそれが嫌いだったとか（分かるような気がします）。

スプーンも古く、古代エジプトでは薬品を調合するために使われていたそうです。

そんなこともあり敬遠した人もいたのですが、現在では海外でも注目されるようになっています。しかも、黒一色ではなく、ピンクや青など、色とりどり。今ではニューヨークの美術館の喫茶スペースでも使われているそうです。わかしたお湯のおいしさが違う！といわれています。

たものです。彼は、「北欧デザインの良心」と評価されています。

機能美が重視され、ソーサーとは別になったカップは、使い勝手がよく、例えばデスクの横に置いておくときの安定感も抜群です。

ちなみに**マグカップは和製英語**。欧米にはMUG（マグ）で通じますよ。

フォークは11世紀のイタリアで使われ始めたといわれています。1533年にフィレンツェ出身のカトリーヌ・ド・メディシスがフランスに嫁いだから、フランスでも使われるようになったというのは有名な話。

ちなみに、生産地として有名な新潟県の燕市。ノーベル賞授与式の晩餐会では、ここで作られたカトラリーが使われているそうです。

耐久性に一本アリ！

　古代中国の四大発明というと、羅針盤・火薬・紙・印刷です。そのうちの1つ「紙」は、105年頃、蔡倫という人物によって発明されたというのが定説ですが、実際は、それまでの製法を改良したという説もあります。紀元前150年前後の中国の遺跡から紙が出てきたからです。

　紙以前の書き物といえば、エジプトのパピルスが有名ですが、これは繊維が一方向に並んでいるので紙とはいえないそう。しかし、中国で紙ができるまでは広く使われていて、英語の「paper」などの語源ともなりました。他にも動物の皮を薄くのばした羊皮紙などが使われていましたが、やがて、紙に取って代わられました。

　中国で作られた紙は610年、推古天皇の頃に、朝鮮半島の僧侶によって日本に伝えられたといわれています。その後、日本でも和紙作りが行われるようになります。

　和紙の特徴は、水に強いこと。また、長い時間が経過しても、ぼろぼろになりにくいことです。製造過程でいうと、手漉きで作られることが挙げられます。丈夫でもあり、紙衣という着物が作られるほど。もちろん、書き物にも使われていた和紙。昔は、現在よりもずっと用途が広かったのです。

第3章

趣味

化けてよそおうと書く「化粧」
乙女心を射抜いたコスメ用品

新しく買ったファンデーション、のびが良くてさ～。厚塗りしなくてキレイなんだよ～。

中国から

平安時代の日本美人

日本のおしろいの歴史で、画期的だったのは、中国から渡ってきた僧侶が持統天皇に献上したという「鉛白粉（なまりおしろい）」。文字どおり、鉛を使っています。このおしろいはのびが良く、当時の宮廷女性を喜ばせたということです。美白の誕生です。

平安時代になると、中国風の化粧ではなく、日本独自のものになっていきます。鉛白（えんぱく）で真っ白に塗った顔に紅をつけ、丸い眉を描きます。お歯黒もしていたので、現代とは随分雰囲気の違うメイクだったことが想像できます。

～おしろい、紅、つけまつげ、ネイル～

化粧品については古代からずっと、研究されているからね。美の追求は果てしないものなのだ！

第3章 趣味

伊勢白粉登場

色つきおしろいへ

室町時代になると、宋から水銀を使ったおしろいが伝わり、「伊勢白粉」として売られました。江戸時代の元禄の頃になると、化粧は女のたしなみ、というような言葉も見られるようになり、一般に化粧が広まったことが分かります。

明治維新後、西洋の色つきのおしろいを手にした女性たちは、自然な美を求めるようになります。また、鉛を使ったおしろいが有害であることは、歌舞伎の役者が鉛中毒になったことから広く知られ、安全なものが作られるようになりました。

紅

おしろい同様に、紅を口や頬にさすというのは、中国から伝わってきた化粧法。現在のように唇全体に塗るのではなく、中央にちょんちょんとつける形です。

紅は、紅花から作られ、丸い器に塗りつけられていました。当初は**同じ重さの金と価値が等しいくらい高価**なものもあったそうです。江戸時代には紅一塗が30文だったとか。30文は約500円。お手軽なコスメだと口紅1本買えちゃいます。

また江戸時代になると、下唇にしっかり塗るメイクが流行します。ところがこの紅、良質な物だと玉虫色に光るので、ちょっと緑っぽくなったりして。流行って、わからないものですよね……。

つけまつげ

目を大きく見せるのに役立つのがアイメイク。その中でも、マスカラとつけまつげのもつ威力は大きいものです。

実は、つけまつげを作ったのは、1920年代の浅草の芸者さんだという説があります。それも、**自分の髪の毛**を使って作っていたという話（根気あるなぁ）。

その後、日本で既製品が売られるようになったのが1947（昭和22）年。第二次世界大戦後のことなんですね。それまでに、海外でも販売されていたという説もありますが、日本で広くつけまつげがつけられるようになったのは、これ以降のことだといえるでしょう。

ネイル

日本にも、爪に色をつける化粧法はありました。紅花からとった紅を爪に塗ったり、ホウセンカとカタバミの葉で作った汁で爪を赤くしたりしていたのです。

日本と同じように、古代エジプトや中国でも爪に色をつけていました。エジプトの場合は、**ヘンナ**（ヘナ）という植物を使う方法で、**クレオパトラ**も爪を染めていたといいます。国も時も超えて、なんと中国でも**楊貴妃**も染めていたとか。美女の共通点は爪にあり!?

もちろん、古代から伝わっているものは、現代のマニキュアとは違ったものです。しかし、爪に対する美意識は、昔も高かったのですね。

今のような、スティック型の口紅が日本に入ってきたのは明治時代。フランスの口紅を参考にして、国産のものが作られたのは大正時代です（繰り出し式ではなく、細長い紅が、そのまま入っていました）。

繰り出し式が売り出されたのは1938(昭和13)年のことです。今では色も増え、口紅の色でその時代の流行が分かるまでになりました。

不思議なのは、洋の東西を問わず、つけまつげの**色は黒が多い**こと。もちろん、人によってはもともとのまつげの色が黒ではない人もいます。そういった人は、まつげをマスカラなどで黒くしてから使っているようです。黒いまつげにデコられた、大きな目。
──この点では美の基準は世界でも同じなのかも知れません。

現在のようなマニキュアが登場したのは、1923年のアメリカ。自動車塗装用の速乾性のある塗料を応用したものでした。

1970年代になって日本にもマニキュアが入ってきます。以前は一色に塗ることが多かったのですが、今では、花柄や季節にあった柄など、様々です。

マスカラと乙女心

鳩ぽっぽーは日本だけ!?
時計にまつわるエピソード

鳩時計の専門店に行ったんだ。からくりがいっぱいで異世界だったよ〜。お客さんもいっぱいで、にぎわってた。

ドイツにて

鳥以外も…

鳩時計は本場ドイツではカッコー時計といいます。発祥はシュヴァルツヴァルトという地域。1640年当初、作られたのはもっと簡単な時計でしたが、1738年頃にケトラーという人物が、今のようなカッコー時計を完成させたのです。

その後、カッコーだけではなく、ウサギやシカが出てくる時計が作られるなど、デザインも多様になってきました。クオーツ式時計が増えた現在でも、ふいご式のカッコー時計は生産されています。

〜鳩時計、目覚まし時計、時計塔、クオーツ式腕時計〜

ふーん。閑古鳥（かんこどり）が鳴いているようなお店じゃなかったようだね！

第3章 趣味

明治時代

日本で鳩時計に

日本には明治時代に入ってきたカッコー時計。どうして「鳩時計」になったのでしょうか。出てくる鳥の姿を鳩と見間違えたという説もありますが、説得力があるのが、カッコーが「閑古鳥」と呼ばれていたことです。

お店などに置く場合、まさか「閑古鳥が鳴く」ような状況は避けたいでしょう。その結果、日本では「鳩時計」と呼ばれるようになったという説があります。鳩にしたのは、『日本書紀』でも登場するなど、昔からなじみ深い鳥だったからとか。

目覚まし時計

目覚まし時計を初めて作ったのは、古代ギリシャの哲学者プラトン。その仕組みがドキドキで、銅の球を入れた**バケツ**をセットし、そのバケツに夜中、ちょっとずつ水を入れていきます。さて、朝になると、水で一杯になったバケツから球が転がり出て、下に用意してあるタライの上に落ちるという……（心臓がとび出そう）。ある意味、古典的なギャグのような。しかし、仕組みの面白さ（失礼！）のせいか普及しませんでした。

産業革命が起こると、労働者たちが遅刻しないようにと、「**ノッカー・アップ**」を雇うようになります。ノッカー・アップは頼まれた家の窓を棒で叩くなどして、人々

時計塔

ヨーロッパの教会では、機械仕掛けの時計が鐘を鳴らす時計塔を見かけます。時計塔ができたのは1350年頃。イタリアのパドヴァ大聖堂でのことでした。

教会で時計塔が必要だったのは、もちろん人々に時刻を知らせるためです。もとは、**祈りの時間**を伝えるためのものでしたが、次第に、待ち合わせなどに使われるようになっていきます。初期の頃は文字盤がなく鐘の音のみでしたが、やがて、目で見て分かる時計塔が作られるようになってきます。

世界で最も有名な時計塔の1つといえば、**ビッグ・ベン**。イギリスの国会議事堂にあるものです。こちらが完成したのは、1859年でした。

クオーツ式腕時計

腕時計に電池が使われるようになったのは、クオーツ式の腕時計の普及にともなってのことでしょう。それまでどうしていたか？　ゼンマイのネジを決まった時間に巻いていたのです。しかし、この方法では1日で20秒程度の誤差が生じました。

そこに現れたのが、**水晶**に電気を通して起こる正確な振動を利用した、クオーツ式の腕時計。ちなみにクオーツは英語で**石英**のこと。無色透明な石英が水晶ですよ。クオーツ式の時計は、1927年にアメリカの企業が作っていますが、これは一部屋を占めるほど大きなものでした。

クオーツ式の腕時計が作られたのは日本。1969（昭和44）年のことでした。こ

を起こしました。

　目覚まし時計が一般的になったのは、19世紀のこと。日本では明治時代に製造されるようになりました。

　今では、スヌーズ機能がついたり、コロコロ転げ回る目覚まし時計が出たりと、二度寝防止用の仕組みがたくさんついています。

・・・・・・・・・・・・・・・・・・・・・・・・・・・・・・・・・・・・

　日本で有名な時計台といえば、北海道大学の前身、札幌農学校の演武場に作られたものです。こちらの完成は1878年。「**少年よ大志を抱け**」のクラーク博士の構想によるものです。

　その後、各地の庁舎にも時計塔が作られるようになりました。あなたの街でも、時計塔が見られるかも知れませんよ。

・・・・・・・・・・・・・・・・・・・・・・・・・・・・・・・・・・・・

のとき、長針の動きは1秒ずつカチカチと進む形になりました。理由は電気の節約のためで、価格は45万円。今は、太陽光発電で動く時計もありますが、当時は電池を長持ちさせる工夫が必要だったのですね。

　その後、腕時計の主流となったクオーツ式時計。この技術は世界を驚かせ、「時計の革命（クオーツショック）」とも呼ばれたそうです。

第3章　趣味

71

カタカナ名だけど日本製!? スグレ文具のふか～い話

近頃、シャーペンも進化したよね。前に比べると、芯が折れにくくなったよ。

シャープペンシル第1号

改良シャープペン

1915(大正4)年、早川徳次氏が金属製の繰り出し式筆記具を発明しました。実用的なこの商品は、シャープペンシルが普及する原点となっています。ただ、芯が1mmもあり、しかも折れやすく、和装に合わないなどの批判的な意見もありました。

その後、改良を繰り返し、欧米に輸出され人気を博しました。日本でも百貨店で取り扱われるように。新改良したシャープペンシルは、「エヴァー・レディ・シャープ・ペンシル」(常備芯尖鉛筆)と名付けられました。

～シャープペンシル、サインペン、刃の折れるカッター、電卓～

> ふふ。折れない芯は、日本人の折れない心から生まれたんだよ！

震災と再建

モダンな文具として人気になったシャープペンシルですが、1923（大正12）年、関東大震災で製造会社が被災。債務返済のため特許を売り、大阪で再建を図ります。これが、電機メーカーであるシャープの前身となります。

ペンポーチに1本は

1960年にはノック式のシャープペンシルが登場。芯の太さも0.5mmが主流に。80年代に安いシャープペンシルが発売されると、様々な年代の人に広まります。現在では、芯の折れにくさなどを工夫した商品も作られるようになりました。

第3章 趣味

サインペン

　油性ペンと水性ペンの違いは、といわれると、何を挙げますか？　例えば水性ペンは、どのような紙でも、たいてい裏移りはしませんよね。

　そんな便利さをもつ水性のサインペン。日本の企業の「ぺんてる」が1963（昭和38）年に開発しました。開発研究に8年も費やされた商品なのです。しかし、日本ではあまり人気が出ませんでした。ところがたまたま、アメリカのリンドン・ベインズ・ジョンソン大統領が手にとります。大統領は報道官の持っていたサインペンの書きやすさに驚き、すぐに24ダース（288本！）注文したとか。このことが世界的なヒット商品につながったのでした。その後は、**無重力でも使える**ことから、宇

刃の折れるカッター

　デスクに置いてあるカッターナイフ、刃が折れるようになっていますか。今では当たり前になったこの文房具、できてから60年ほどしか経っていないのです。

　それまでも、折り込み式の小刀などを使う人はいましたが、今のカッターナイフとは違い、刃も大きく「刀」という感じのものです。このような小刀と比べると、カッターナイフは刃の部分に、折る箇所を示す筋が入っているのが特徴です。このように、いつでも新しい刃を使える仕組みは、靴職人がガラスの破片でものを切り、切れ味が悪くなったらガラスを割って新しく鋭い面で切っていたことや、**板チョコ**がヒントになったそうです。

電卓

　計算するときに使う道具は何でしょう？　電卓と答える人が多いのではないでしょうか。卓上で数字や記号のボタンを押せば計算できてしまう優れモノ。正確には「**電子式卓上計算機**」です。

　今の電卓の元になった製品が開発されたのは、1964（昭和39）年の日本。最初は53万5000円（普通乗用車と同じ値段！）もしましたが、音もそれまでの大型のものより静かで、何より便利！　この製品が出てから、複数の企業が参入し、次第に手の届きやすい値段になっていきます。

　現在では、液晶の表示部があり、太陽電池がついているものが主流。大きさもコン

宙飛行士に使われるなど、様々な経験をしたサインペン。多くの人に使われ続けるにつれ、一般的に水性ペンを表すものになっていき、今では国語辞典に載るまでになりました。
　名前やメッセージを書くなど様々な場面で活躍するサインペン。その歴史にはアメリカでの出会いがあったのです。

　このタイプのカッターナイフを作ったのは日本企業の**オルファ**（「折る刃」が社名の由来）。刃を折る角度は、世界標準になっているそうです。1959（昭和34）年に発売された製品は、1968年には海外へも売り出されるようになりました。1980年には円形の刃を持つカッターも作られ、アメリカなどでは手芸などで使う人も多いとか。

パクトで、中にはカード型のものもあります。この液晶の表示部は1973年、太陽電池つきのものは1976年に発売されたものです。
　電卓が登場するまで、計算といえばそろばんや計算尺が主流でした。それも、電卓の登場で一変しました。ちょうど、高度経済成長期の最中のこと、電卓ではじかれる数字は年々大きくなっていったのでしょう。

日本製楽器が世界をリード！
心に響く弦楽器のルーツ

沖縄で三線（サンシン）を聞いてきたよ。おばあと一緒にいっぱい踊った♪三線は津軽三味線と形が似てるよね。

弦楽器の起源

中国で三弦登場

三本の弦を持つ楽器の歴史は古く、古代エジプトのネフェルという楽器がありました。これが弦楽器のはじまりという説があります。また、ペルシアでもセタール（「三弦」という意味）という、三弦の楽器が使われていました。

やがて、中国では元の時代に、その名も「三弦」（サンシェン）という楽器ができあがりました。三弦の特徴は、胴にヘビの皮が張ってあるところ。この三弦は、海を渡って琉球に伝わり、琉球三線の形に改められていきます。

～三味線、琴、琵琶、ピアノ～

そうだよね。
沖縄の三線は胴にヘビの皮が使われているんだよ。で、三味線はというと……。

第3章　趣味

蛇⇒犬・猫へ

メジャーな楽器に

1560年代に、琉球から九州の博多や大阪の堺に琉球三線が伝わります。堺では、ヘビよりも手に入りやすいネコやイヌの皮を使うようになり、現在の形が作られていきました。琵琶職人が改良を加えて、「三味線」ができていきました。

江戸時代に入ると、三味線は和楽器の中でメジャーなものになっていきます。歌舞伎など大衆芸能と結びついて発展をとげ、現代に至ります。動物の皮を張る胴の部分も、今では、合成のビニールを使ったものもあるようです。

77

琴

中国から伝わってきたという琴。『三国志演義』では、軍師の諸葛亮が、城の四方の門を開け放ってみせる「空城の計」という場面があります。諸葛亮は優雅に琴を奏で、敵の司馬懿に「こ、この余裕は！　伏兵がいるぞ！」と、びびらせる名場面。フィクションですが、同じ三国時代の有名人、曹操の作った詩にも、瑟という、琴に似た楽器が登場するくらいメジャーな楽器です。諸葛亮や曹操が活躍した時代は今から約1800年前のことですから、その頃には、同じような楽器があったことが分かります。

一方で、日本でも3世紀には、琴のような楽器があり、**祭祀**などで使われていた

琵琶

雅楽の素敵な音色……心が落ちつきますよね。雅楽で使われる琵琶は、「楽琵琶」と呼ばれています。琵琶の起源はペルシアの「**バルバド**」という楽器だといわれています。日本には、音楽と共に奈良時代に伝わってきました。

また、鎌倉時代になると、いわゆる『平家物語』を語る琵琶法師という人々が登場します。琵琶に合わせて語る『平家物語』は「平曲」と呼びます。盲目の僧侶を中心に奏でられ、人々の間にその音色が広がっていきました。

雅楽や寺院の音楽、平曲と、様々な用途で奏でられてきた琵琶。安土桃山時代になると、また別のジャンルで使われるようになります。薩摩藩の島津忠良が、武士

ピアノ

ピアノの本名を知っていますか？　1709年、イタリアのバルトロメオ・クリストフォリが作ったときにつけた名前は、「**クラヴィチェンバロ・コル・ピアノ・エ・フォルテ**」です。意味は、音の強弱がつけられるチェンバロ。え？　舌かみました？　やっぱり……。あまりに長いので、「ピアノ」になったんですけどね。

クリストフォリがつけた名前でも出てきた「チェンバロ」とは、ピアノの元になった楽器の1つといわれ、爪で弦を弾いて音を出すタイプの楽器です。ただし、弦を直接、指で弾くのではありません。奏者が触るのは鍵盤で、爪は鍵盤の奥の柱についている、という仕組みです。

といわれています。奈良時代になって、中国の琴が入ってくると、日本古来の楽器と一緒になり、日本の琴ができあがりました。
　寺院で使われていた琴は、その後、江戸時代の専業音楽家である八橋検校を経て、習い事の1つや教養のために練習するものとして、人々の間に広まっていきました。

たちに教えたいことを琵琶曲にしたものを作りました。このとき作られた琵琶が「薩摩琵琶」と呼ばれるもの。江戸時代に人気がでて、明治時代以降、全国へと広まっていきます。
　また、正倉院にはシルクロードを経て日本にやってきた「五弦琵琶」が保存されています。なんと、世界で現存する唯一のものなのです！

バロック音楽にとって重要な楽器なのですが、チェンバロの欠点は、音の強弱がつけにくいこと。それに比べ、弦をハンマーで叩くピアノは音の強弱がつけやすいのです。
　その後、日本にも伝わってきたピアノ。1900年以降、国産のピアノが作られるようになります。現在では、日本のピアノメーカーが大きなシェアをもつようになりました。

正月の遊びに潜む大人の事情
世代を超えて流行する玩具

このまえの正月、久しぶりに凧揚げしてる親子を見たよ～。けっこう高く揚がるもんだね。

中国の北宋時代

凧は中国では「紙鳶(しえん)」と呼ばれていました。この字は、俳句の季語として「いかのぼり」(凧の別名)と読まれています。中国では戦争や占いに使われており、占いの指示で凧揚げをして盗賊に会わずにすんだ、という話もあるとか。

日本に伝わった凧

日本には平安時代に伝わったともいわれる凧。しかし、最初は貴族や武士の遊びでした。また、「凧」とは呼ばれていなかったようです。平安時代の書物には、「紙老鵄(しろうし)」という呼び名が伝わっています。

〜凧、コマ、けん玉、ヨーヨー〜

凧揚げの魅力に気づいたみたいだね。実は、江戸時代の人も、すごく熱中してたらしくてさ……フフフ。

第3章 趣味

江戸で大人気

江戸時代になると、庶民も楽しむようになりました。奴凧（奴=家来）を大名屋敷の上に揚げて「見下ろす」ことでストレス発散したとか（権力への抵抗ですね）。また、参勤交代の武士の列につっこみそうになるなど、様々な問題もありました。

正月の遊びに

今では、正月の遊びとなった凧揚げ。江戸時代に幕府が正月に限って凧揚げできるようにしたとか、立春の風を感じるためであるという説も。今は凧揚げができる場所が減ってきていますが、団体競技で楽しまれるようにもなっています。

コマ

　木の実や石の中には、指で回すと、そのままクルクル回るものがあります。コマはそのようなものを使った遊びとして、世界各地で親しまれていたようです。
　メソポタミア文明では紀元前3000年頃に、子どもたちが土製のコマで遊んでいたとされていますし、日本でも、**平城京跡**などから木製のコマらしきものが見つかっています。日本には昔からコマがあったとも、中国から伝わったともいわれています。
　14世紀になると、子どもがコマ回しをしている様子が記されるなど、庶民にまでコマ遊びが広まっていることが分かります。
　江戸時代になると、東北のずぐりコマ（雪の上で回るんです！）や、からくりを取

けん玉

　けん玉についてのいちばん古い文献は、16世紀、フランスのアンリ3世の時代のものです。「**ビル・ボケ**」という名前で、世界各地に伝わっていきました。
　日本には、江戸時代に長崎から入ってきたと考えられています。ただし、このときのけん玉は、今のような形ではなく、皿が1つだけの軸の部分と、玉の部分しかありませんでした。
　現在のような、大小2つの皿がついたのは、日本でのこと。大正時代に作られ「**日月ボール**」（にちげつ）という名前でした。これが、昭和初期に大流行し、広まっていきます。
　1970年代後半になると、競技用のけん玉が考えられるようになり、現在ではけ

ヨーヨー

　フランスの貴族たちが、ヨーヨーで遊んでいたって、知っていますか？　18世紀後半のフランスでは大人気だったそうですよ。ところが、1789年からのフランス革命で、貴族は大ピンチ。中にはオシャレなヨーヨーと一緒に、他国に逃げた人もいました。そうして、各地にヨーヨーが広まったのです。この当時は、主に大人がする遊びでした。
　一方で、いつ伝わったのか、それとも独自に作られていたのかは、はっきりと分かりませんが、フィリピンにも似たようなおもちゃがありました。そのおもちゃにちなんで、アメリカで「**YO-YO**」と名づけた玩具が生産され、今に至ります。世界

り入れた江戸コマなど、土地ごとに特色のあるコマが生まれてきます。
　ちなみに、昭和の時代に流行ったベーゴマ。元となったのは巻き貝の「**バイ貝**」で作ったコマです。このように、つまんで回す部分のないコマを戦わせる遊びは、現代でも形を変え、子どもたちを夢中にさせています。

ん玉の級や段位といった制度も作られるようになりました。
　さらには、海外で人気爆発！　特にアメリカでは、「KENDAMA」を愛好する人がたくさんいます。技の数が多いので、実力が上がるたびに新しい技に挑戦できるのも、楽しさの1つなのでしょう。海外旅行にけん玉を持っていくと、出会った人と親しくなれるかも!?

的なブームになったときに、日本でもよく遊ばれるようになりました。
　ところで！　日本にも、江戸時代に「**手車**」という名前の、似た遊びがあったようです。これは中国伝来だとか。
　ヨーヨーの歴史は複雑ですが、貴族から子どもまで、多くの人が楽しめるおもちゃであることは確かなことです。

下手の横好き

お手玉って実は海外から伝わってきたんだ

トルコで羊のかかとの骨を使ってたんだって

B.C.5世紀
日本では小石で「石なご」って言ってたよ

聖徳太子も石名取玉っていう水晶の玉でお手玉やってたらしいよ

歴史の説明はうまいけどお手玉は下手だね

第3章　趣味

83

「楽ちん」を求めて200年！
乗り物という名の便利マシーン

鉄道って、日本では新橋―横浜間で開通したのが初めてだったんでしょう？　じゃ、世界では？

蒸気機関車が走る

日本で鉄道開通！

18世紀の産業革命以来、イギリスでは鉄道が発達しました。公共鉄道では、1825年にストックトン・ダーリントン鉄道で蒸気機関車が登場。しかし、当時は馬で牽引する場合もあったようです。

その後、日本でも明治に入ってわずか5年の1872年に、新橋―横浜間で鉄道が開通します。時間は、各駅停車のもので1時間弱。この鉄道は、1889年には神戸まで延長されます。十数年の間に日本の鉄道網は整備されていきました。

～新幹線、スクーター、電動アシスト自転車～

> 知ってる！ イギリスで最初の鉄道が通ったんだよ。ふふん、鉄オタ選手権に出られそうかな。

第3章 趣味

電気で走る鉄道

現在、よく走っているのが電気を使って走る電車ですよね。こちらは、1880年代に、ドイツやアメリカなどで作られるようになっていきます。日本でも、1895年に京都で路面電車が開通しました。

リニアの時代へ

1964年には東京―大阪間で新幹線が開業、さらに、新潟や東北、九州、北陸を結ぶ線が開業し、現在では北海道までつないでいます。また、2027年の開業を目指し、リニア新幹線の工事が進んでいます。(研究は1962年スタート！)

新幹線

　日本の高速鉄道といえば、新幹線。1964（昭和39）年10月1日、東京オリンピックに合わせるように開業した鉄道です。オリンピックの開会式が10月10日でしたから、当時の人は、ニュースが目白押し、と感じたかもしれません。営業運転としては世界初の時速210kmで走行しました。ちなみに、「**ひかり**」「**こだま**」といった名前は公募で決められたもの。応募総数55万8882通と、関心の高さがうかがわれます。当時の新幹線は、0系新幹線。先端が半球状の丸みのある形をした車両です。

　新幹線は、着工から開業まで5年。実は、1945（昭和20）年の終戦以前に高速鉄道の計画（通称「**弾丸列車計画**」）があり、用地の確保ができていた部分があったの

スクーター

　スクーターの元祖は、立って乗るものだったようです。1910年にアメリカで作られた初代のスクーターは、**スケーターにモーターがついたもの**。若者や子どもが乗るスケーターが街中を疾走していることがありますが、あれがもっと速く、自動で走るイメージです。乗る方も見ている方もちょっと怖いかも（ちなみに、スクーターはバイクのうち、両足を揃えて乗るものをいいます）。

　それがヨーロッパに伝わって、座席のあるスクーターになります。1920年代になると、ヨーロッパ中で人気爆発。しかし、第一次世界大戦がきっかけで、1925年にいったん途絶えてしまいます。再度作られるようになったのは、第二次世界

電動アシスト自転車

　自転車で坂道を上るのはキツイもの。そんなとき、電動アシスト自転車があると良いですよね。

　電動モーター搭載のこの自転車。1993（平成5）年に日本で初めて作られました。原動機付自転車などとの違いは、モーターだけで走らないこと。あくまで、**電動モーターは補助的な役割**なのです。

　子どもの送り迎えをするお母さん、お父さんが乗る自転車には、高い確率でこの自転車が使われているように思います。坂道だけでなく、子どもを乗せて走る場合にも役立っているのですね。近年ではシニア向けの、軽量でコンパクトな自転車も

が、短い期間で開業にこぎつけられた理由の1つなのです。

当時は、東京―大阪間が3時間10分。今から考えると遅く感じられますが、他の列車を使うと6時間半かかったことを考えると、まさしく「夢の超特急」なのでした。

最近は安全性を売りに、新幹線システムを輸出しようとする動きもあります。

大戦後。イタリアでのことでした。このとき作られたスクーターは映画でも使用されるなど、多くの人々に親しまれます。それとは別に、日本でも1946（昭和21）年から作られ始め、ブームが到来しました。

これからはスマホとつなげてデータをやりとりするスクーターも出てくるなど、乗るだけではない楽しみもありそうです。

発売されています。

一方、ヨーロッパでは、スポーツサイクルとして、電動アシスト自転車が売り出されています。ただ、あくまでスポーツサイクル。スピードも速いものです。法律が違うので、日本では公道を走ることができません。

法律の壁がありますが、それぞれの電動アシスト自転車を乗り比べられたら楽しそう！

古今東西 人気ゲームの根っこはここにあり!!

……よし！赤短そろい！……花札って、札の絵が色鮮やかだよね。そしてどこかエキゾチックな感じがしない？

天正カルタ

安土桃山時代、ポルトガルから入ってきたゲームに、色鮮やかな札を使った「天正カルタ」があります。トランプに似ていて、コップ、金貨、棍棒、剣という模様があり、数字が大きい方の4枚は、僧侶や騎士などが描かれていました。

ウンスンカルタ大流行

江戸時代になると、ポルトガルから伝わってきたカルタをもとに、「ウンスンカルタ」が作られました。ウンスンカルタによるカルタ賭博もよく行われていたそうです。幕府は禁止令を出すようになります。

〜花札、囲碁、将棋、クレーンゲーム〜

……やった！猪鹿蝶キタ！……「天正カルタ」っていう、絵札のきれいなカルタがルーツらしい！

第3章 趣味

花札の誕生

1787年の寛政の改革では、賭博用のカルタを作ることが（もちろん賭博も）禁止されてしまいます。そこで、生み出されたのが「花札」だといわれています。こうして、法の抜け穴として花札による賭博が行われるようになっていったのです。

明治以降も

もちろん、花札も幕府に禁止されますが、結局、明治時代まで続けられました。現代では、正月に楽しんだりしますね。また、韓国にも日本の花札が伝わり、韓国独自の花闘（ファトゥ）として親しまれています。

囲碁

　囲碁は紀元前2000年頃からあったそうです。中国が発祥地とされていますが、インドなどの説もあります。碁盤を**宇宙**、碁石を**星**に見立てたともいわれています。何だか、ロマンチックですね。

　日本には7世紀頃までに伝わっていました。奈良時代の人々も囲碁を楽しんだようで、正倉院には「木画紫檀碁局」をはじめとした碁盤3面が残されています。

　平安時代は、主に貴族や宮仕えの女性たちが囲碁をしていたようですが、次第に武士にも広まっていきました。

　それよりあとの世の戦国時代でも囲碁は武将たちに人気で、信長、秀吉、家康も

将棋

　将棋の起源は古代のインド。**チャトランガ**というゲームです。これはサイコロの目の数に応じて駒を進めていくというもの。その昔、戦争ばかりしていた王様に、僧が戦争を盤上でできるようこのゲームを献上し、果たして平和が訪れた……という説があるそうです。このゲームは西洋に伝わってチェスになりました。チェスと将棋のご先祖様というわけ。

　日本へは平安時代に伝わりました。その頃は今よりも多くの駒を使って競技しています。現在は40枚の駒ですが、例えば「泰将棋」という将棋では、最大354枚を使いました。今のような形になったのは、戦国時代以降といわれています。

クレーンゲーム

　今やプリントシール機と並んでゲームセンターの代名詞ともいうべきクレーンゲーム。意外にその歴史は古く、世界初は、1896年のアメリカのものといわれています。クランクを手で回して**キャンディー**を買う、子どものための機械だったそう。日本では、1930年代には手回しタイプのクレーンゲームが登場していたというから、テレビゲームよりもずっと古参のゲームです。

　家庭用ゲーム機が普及し始めると同時にアーケードゲームが衰退し始めた1980年代、ゲームセンターでしかできないクレーンゲームが注目されるようになります。また、景品がお菓子から**ぬいぐるみ**などに変わってきたのもこの頃です。

対局を楽しみました。この3人と対局したのが日海(にっかい)という人。隠居して「本因坊算砂(ほんいんぼうさんさ)」と名乗ります。

　江戸時代になると、家康の命日(11月17日)に江戸城で対局が行なわれるように。江戸の街でも囲碁が盛んになっていきました。4000年の時を経て、今なお人気の囲碁。ゲームは時を超えるのです。

　江戸時代になると、囲碁と同じく11月17日に対局が行われるようになり、「御城将棋(おしろしょうぎ)」と呼ばれました。将軍の前で将棋を指すなんて、緊張するでしょうね。

　また、将棋の駒を作っている山形県天童市では、春に人が将棋の駒となって戦う人間将棋が行われています。この将棋は豊臣秀吉が楽しんだものだとか。歴史を感じますね。

　やがて90年代、ゲームやアニメのキャラクター商品が景品となってからはいよいよ人気が高まり、多くのメーカーがしのぎを削ることになりました。今では、伊勢エビが景品というものもあるとか。多種多様です。

　そんなクレーンゲーム、最近では韓国でも大人気だそうです。景品は落としても人の心をつかむのは得意なようですね。

第3章　趣味

91

今も昔も人気のゲーム

　さいころを転がして、コマを進めるゲーム、双六。単純なようで夢中になってしまうことも多く、お正月に家族でやって熱が入ってしまうこともあります。

　その起源は紀元前3200年頃、イラク南部で遊ばれていたゲームだという説があります。エジプトでも双六のようなゲームがあり、ツタンカーメンの墓の副葬品として出土したという話もあります。

　中国で双六が行われるようになったのは、今から1800年くらい前のことといわれています。東アジアの国々経由で伝わったのか、日本でも古くから双六がありました。賭博双六であったようで、『日本書紀』によると、飛鳥時代の689年には双六禁止令が出されるほどでした。

　ただ、その後も人気だったようで、兼好法師の『徒然草』には双六名人の「勝とうと思って打つな」という名言が残されています。どうやら、少しでも遅く負ける手を打つのが正解だそうで(そりゃそうですよね)。

　また、この頃の双六は、木などでできた双六盤があります。正倉院にも、「木画紫檀双六局」という美しい装飾を盤に施した現存最古といわれる宝物が収められています。

　現在のような、絵の描かれた紙の双六は絵双六と呼ばれ、江戸時代から人気が出てきます。大正時代になると、雑誌の付録としても作られるようになり、子どもたちも親しめるものになったのでした。

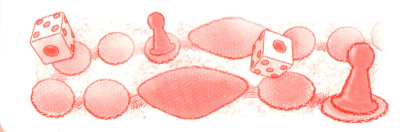

第4章

文化

定番卒業ソングが輸入モノ？
日本で生まれ変わった名曲たち

ねえねえ、卒業式で「仰げば尊し」って歌った？昨日、妹に聞いたら、妹の時は歌ってないって。

アメリカ生まれ

「仰げば尊し」の原曲は、アメリカで発表された、「Song for the Close of School」という歌。1871年に出版された『ソング・エコー』という本に載っていたものです。こちらも、卒業を歌っている歌でした。

「あふげば貴し」として

苦労して学問に励む「蛍雪の功」という中国の故事を取り入れた、日本風の歌詞が作られて発表されたのは1884年のこと。この故事は、貧乏な若者の車胤という人が蛍の光で、また、孫康という人が雪明かりで勉強した、というものです。

94

～仰げば尊し、蛍の光、越天楽、アルプス一万尺～

近頃は、「仰げば尊し」や「蛍の光」を歌わなくなったところも多いね。この2つは、海外の曲なんだよ。

第4章 文化

今でも歌われる

今では、歌う学校も小学校では11％程度、中学校で25％程度と少なくなりましたが、教科書などで一度は目にし、耳にすることも多い歌です。立身出世を願う2番がありますが、教科書などにはあまり載っていません。

ちょっと難解な歌詞

明治時代の歌詞なので、やや難解なところがあります。そもそも、先生のことを「師」といわれても、ピンときませんよね。歌われることが少なくなってきたのは、現代人には歌詞が理解しにくいせいかも知れません。

蛍の光

「仰げば尊し」と共に、卒業ソングとしてポピュラーなのが「蛍の光」。卒業式だけでなく、年末にも聞くことがある歌です。ともかく、シメの一曲、という感じです。

もちろん、歌詞は「蛍雪の功」がらみ。明治時代に唱歌を作った人は、この故事成語が好きだったのでしょうね。

そんな、国民的なお別れソング、「蛍の光」の原曲は、スコットランド民謡「old long since」です。古くからの友人との再会を歌ったもので、スコットランドでも親しまれています。また、英語圏では新年のおとずれとともに歌う歌だとか。日本が大晦日に歌うのとは正反対ですね。ちなみに、デパートなどで閉店の時に流れ

越天楽

雅楽といえば、奈良時代や平安時代の貴族たちの姿が思い浮かびます。雅な宮中で奏でられる音楽。ああ、和風……といいたいところですが、雅楽の中には、様々な国の影響を受けているものがあるのです。

例えば、朝鮮半島から渡ってきた楽人が奏でた音楽に由来する三韓楽や、中国から遣唐使を通じて伝わった唐楽もあります。中国から伝わったものの中には、ペルシア、インド、ベトナムに由来するものもありました。あまりにバリエーションがあるので、それぞれの地域の音楽ごとに、専門家が必要だったこともあり、701年には雅楽寮という、専門の役所ができたほどです。

アルプス一万尺

手遊びを楽しみながら歌う、「アルプス一万尺」。とても高い山のことをいっているのですが、具体的な高さをいうと、3030.3m。……イヤ確かに高いですが、アルプス山脈の最高峰モンブランの4810mと比べると、低いような。

それもそのはず、このアルプスは日本アルプス。「小槍」も、槍ヶ岳にある場所のことのようです（その場所が一万尺なのです）。

ただし、原曲はアメリカ民謡。更にそのアメリカ民謡の原曲がイギリス民謡。このイギリス民謡は子どもが楽しんで歌っていたものでした。アメリカの独立戦争の頃は「ヤンキードゥードゥル」という、アメリカ兵をからかう歌の原曲となります。

る「別れのワルツ」も、原曲は同じです。

　日本人に愛されたこの曲は、やがて軍国主義の時代に韓国や台湾などにも広まりました。それらの国では違う感情をもってこの歌を受け止める人もいます。

　そして「蛍の光」といえば、謎の歌詞「**すぎの戸**」。これは、時が「過ぎる」と「杉」をかけているのでした。

　名前は知らなくても、多くの人が聞いたことがあるであろう「**越天楽**」という曲も、中国の漢の文帝が作ったという説があります。文帝は紀元前180年頃に皇帝だった人なので、実に2200年近く昔の音楽ということに！

　神前の結婚式で流れる音楽が、古式ゆかしいと感じられるのは、歴史の重みなのかも知れません。

　その後、アメリカ兵が好んで歌うようになりました。

　日本ではだれが歌詞を作ったのかはっきりしていません。謎なのは作詞者だけでなく、歌詞そのものもです。「小槍」が槍ヶ岳にあるとすると、そんな険しいところで「アルペン踊り」もないもんだ（笑）。

第4章　文化

ゲイシャ・スシ・フジヤマ!?
海外でも意外と通じる日本語

妹が海外旅行で、「もったいない」っていったら通じたらしいよ。どうなってるの?

sushi
sashimi
tempura
sukiyaki

tonkotsu ramen
tsukemen

通じる定番の日本食

日本食にまつわることばは、海外でも通じるものが多いです。
例えば、寿司、刺身、天ぷら、すき焼きから、ガリ、わさび、味噌、酒といったものまで、日本食に欠かせないことばを中心に、広まっています。

細かいところまで!

蕎麦やうどん、ラーメンも通じることばですが、すごいのは、豚骨とか、つけ麺とか、ラーメンの種類まで通じてしまうところです。ちなみに、インスタントラーメンもそのまま通じるそうです。

～食べ物系、遊び系、伝統文化系、生活・競技系～

それはノーベル平和賞を受賞したマータイの影響だね。その他に、思った以上に日本のものの名前が通じたりするよ。

お酒の席でも大丈夫

海外で日本酒人気も高まっているようですが、もちろん、おつまみで通じるものもあります。枝豆はその代表格。豆腐や焼き鳥、酒は酒でも「nigori」も通じてしまうらしい！
昆布や海苔も大丈夫！　いけるのです。

日本独特のものも

うまみは日本で見つかった第5の味です。うまみたっぷりの「出汁」、くせがある納豆、香り高い松茸、庶民の味方たこやきなども、そのままでOK。納豆と松茸は独特な匂いがあるので、海外ではあまり食べる人はいないかも？

第4章　文化

遊びのことば

　娯楽に関することばでも、日本語のまま海外で通用するものがたくさんあります。「manga（マンガ）」、「anime（アニメ）」はもちろん、「go（碁）」「shougi（将棋）」「origami（折り紙）」といった伝統的なものから、「karaoke（カラオケ）」「pachinko（パチンコ）」まで。子どもの遊びから、大人の娯楽まで幅広いです。

　クールジャパンとして、アニメやマンガが海外に紹介されていることもあり、「kawaii（かわいい）」「cosplay（コスプレ）」「otaku（オタク）」などのことばは、海外の辞書に載っているほど。コスプレはもともと「**コスチューム・プレイ**」から作られたことば。英語が日本で変化をとげ、海外に輸出されるっておもしろいですね。

伝統文化のことば

　「ukiyoe（浮世絵）」「kabuki（歌舞伎）」といった伝統芸能はもちろん、「waka（和歌）」「senryu（川柳）」など、伝統文化のことばも通じます。とくに「haiku（俳句）」は様々な国で愛好家がいるほど。英語で一句捻（ひね）るのも、かっこいいですね。

　もちろん、昔から有名な「geisha（芸者）」も、芸には欠かせない「samisen（三味線）」も、そのままの日本語で受け入れられていることばです。でも、日本では「**舞妓さん**」と呼ぶことが多いのに、なぜ海外では**geisha**なのか、不思議に思ったことはないですか？　実は、1867年のパリ万博で、芸者さん3人が展示として参加したことが大きな理由です。当時の呼び方だった「芸者」が、ヨーロッパで定着し

生活・競技のことば

　日本人の生活に密着したところでは、「koban（交番）」が通じます。ブラジルではオリンピック前に日本の交番制度が導入されたりしました。「siatsu（指圧）」も、英語圏で通じます。そして、やっぱりといっていいのか、「ninja（忍者）」人気です。アニメの影響もあるのかも知れません。「sumo（相撲）」「kendo（剣道）」「judo（柔道）」も通じますよ。特にjudoの場合、オリンピック種目になっているので、ことばとして知られているだけでなく、競技として世界に広まっていることがわかります。

　そのほか、料理方法でいうと「**teriyaki**（照り焼き）」は英語でもそのまま。辞書

有名なアニメのタイトルも、海外ではそのまま受け入れられているようです。また、ゲーム機については、ゲーム会社の名前で呼ぶことがあるとか。

でも、テレビゲームやトランプ、ジェットコースターは通じそうで通じません（和製英語です）。

ていったそうです。

芸者さんが着ている「kimono（着物）」はもちろん、日本家屋の定番である「tatami（畳）」「shoji（障子）」「futon（布団）」も通用します。

昭和の頃は、お父さんやおじいさんが育てていることも多かった「bonsai（盆栽）」、たしなみとして習う人も多かった「ikebana（生け花）」も、知られています。

にも載っています。日本では、しょうゆやみりんを使って「てり」をつける料理ですが、アメリカではテリヤキソースを使った料理を指します。何と、「teriyaki tofu」なる料理もあるのです！

「日本で○○だけど英語では何ていうのだろう」ということば、思い切って、そのままいってみたら通じたりして。

特別な日にこめられた願い
日本に浸透した祝・祭日

もぐもぐ…今日は端午の節句のこどもの日。ちまきとか柏餅、だーいすき！

菖蒲やヨモギは邪気を払うんですって

中国から

5月5日にちまきを食べるのは、中国の戦国時代に活躍した政治家、屈原に関係があります。屈原は5月5日に川に飛び込み、命を絶ちました。ちまきは、屈原の供養のために米を葉で包み、川に投げ入れたことが始まりとされています。

平安時代・端午の節会

平安時代になると、「端午の節会」という宮中行事が行われるようになりました。ここで、貴族の間では、菖蒲やヨモギを編んで薬玉を作り、贈り合っていました。花や五色の糸で飾られた、美しい物だったようです。

〜こどもの日、母の日、クリスマス、ハロウィン〜

「端午」は、最初の午(うま)の日、という意味。「午(ご)」と「五」は音が通じるから、5月5日なんだよ。食べ過ぎ注意!

第4章 文化

武士の時代は「尚武」

兜(かぶと)やこいのぼりを飾る習慣は、武士の世の中になってから。江戸時代には5月5日に幕府に大名や旗本が集まる大事な式日だったとか。縁起物の「菖蒲(しょうぶ)」と「尚武」(武道を大切にすること)をかけて、男の子の節句になったのです。

こどもの日制定

今のように、男女の区別なくお祝いするようになったのは、1948(昭和23)年にこどもの日が制定されてから。「子どもの人格を重んじ、子どもの幸福をはかるとともに母に感謝する日」だそうです。

母の日

「母の日」に贈るカーネーション。最初にこの花が贈られたお母さんとは、どんな人だったのでしょう。

それは、アメリカのアン・ジャービスさん。南北戦争のころ、平和を祈って南北双方の兵士を看病するなどの活動をした人です。

アン・ジャービスさんが亡くなって数年後、娘のアンナさんがフィラデルフィアの教会で、「母の日」のセレモニーの参列者に白いカーネーションを配りました。それが、1908年5月10日のことでした。この日が第2日曜日だったので、母の日は5月の第2日曜日に祝われています。母の日は1910年にウエストバージニア州

クリスマス

子どもたちが楽しみにしている行事の1つ、クリスマス。クリスマスツリーはあるし、ケーキもプレゼントもあるのですから、子どもがウキウキするのも分かります。

クリスマスがイエス・キリストの聖誕祭であることは有名なお話。それでは、プレゼントを持ってくるといわれるサンタクロースは?

こちらは、4世紀頃の東ローマ帝国の司教だった聖ニコラウスがモデルだとされ、本来の祝日は彼の命日である12月6日だそうです。聖ニコラウスが、貧しい家の子どものところに金貨を投げ込んだところ、置いてあった靴下に入った、という話があります。

ハロウィン

ハロウィンは、古代ケルト人のお祭りに由来するものです。ちょうど11月1日から1年が始まると考えられていたので、10月31日は1年の終わり。この日に祖先の霊だけでなく、悪魔もやってくると考えられていました。そのため、悪魔の格好をして紛れ込んだり、悪魔を驚かせたりしたというのが、仮装の由来だといわれています。

ハロウィンにつきもののカボチャのランタンにも由来があります。悪魔を騙したジャックという人が死後、ランタンを下げてさまよっているという話があるのです。このランタンがいつしか魔よけの意味をもち、玄関に飾られるようになりました。

で認定、さらに1914年には大統領によって、国民の祝日と定められました。

　日本では大正時代の1913年頃に教会を中心に祝われ始めたといわれています。第二次世界大戦後の1947年になると、日本でも正式に５月の第２日曜日が母の日となったのでした。

　キリストの聖誕祭と聖ニコラウスの日が一緒になった結果、クリスマスにプレゼントを贈り合うことになった、という説があります。

　日本へは、キリスト教と共に伝わったといわれますが、広く祝われるようになったのは、明治維新以後。やがて、サンタクロースも伝わってきて、現在のようなクリスマスになりました。

より怖い顔にすると、魔よけの効果が高まるようですよ。

　日本へは1970年頃に入ってきたといわれていますが、定着せず……。その後、遊園地などでハロウィンイベントが盛り上がり始めます。現在では、10月31日の渋谷は大変なことに！　そこら中、仮装の人・人・人です。すっかり日本に根付いたといえるでしょう。

第４章　文化

所変われば…いろいろ変わる むかし聞いた物語の結末は!?

七夕の夜は、つい空を見上げちゃうんだ。
織姫と彦星が会えるかなって。物語なのにさ。

6世紀の中国

七夕伝説が日本に

織姫彦星の話のもとは、6世紀の中国で作られたといわれます。その物語では、天帝の娘が牽牛郎と結婚したあと、機織をやめてしまいました。そこで天帝が怒って、天の川を境に年に一度しか会えなくしてしまったという話でした。

日本にも古くから入ってきていて、『万葉集』でも、山上憶良が「秋風の吹きにし日よりいつしかと我が待ち恋ひし君ぞ来ませる」と詠んでいます。柿本人麻呂、大伴家持などによる七夕の歌も多く残されています。

～織姫と彦星の話、アリとキリギリス、月とウサギ、羽衣伝説～

昔からロマンチックな物語が好きだった人、多いんじゃない？　『万葉集』にも、この物語を歌った歌があるよ。

願い事を

平安時代にはすでに、七夕の日に願い事をする風習もあったようです。ただし、願い事は梶の葉に書きました。墨を擦る水は、サトイモの葉に溜まった夜露を使ったそう。短冊を笹に結ぶようになったのは、江戸時代のことです。

カササギがかける橋

七夕伝説は、ベトナムや韓国にもあります。どちらも、離ればなれになった夫婦の話です（切ないお話は人の心に響くのですね）。また、この日、カササギという鳥が、橋を作って二人の出会いを演出するという話もあります。

第4章　文化

アリとキリギリス

夏の間、キリギリスが遊んでいる中、アリはせっせと働いていました。冬になるとキリギリスは食べる物がなくなり……というおなじみの話。

これは『イソップ物語』のお話です。イソップとは、紀元前6世紀の古代ギリシアの人。奴隷だったともいわれています。

イソップ物語が日本に入ってきたのはキリスト教が伝来した頃のこと。その後、翻訳されて、『伊曽保物語』として人々に親しまれていきます。古代ギリシアのものを古文として読んでいるなんて不思議な感じがしませんか?

『伊曽保物語』の中では、キリギリスではなくセミが登場します。もともと、イ

月とウサギ

月を見上げて、「ほら、ウサギさんがいるよ」なんていわれたこと、小さい頃にありましたか?

実は、ウサギが月にいる理由は、インドの仏教説話『ジャータカ物語』によるのです。それは、サルやキツネと一緒に暮らしていたウサギの話です。ある日、食べ物をもらいに来た老人に、サルとキツネは食べ物をあげることができましたが、ウサギは食べ物が見つけられず、「私の体を食べてください」と、火の中に飛び込もうとしたというのです。それを知った帝釈天が、ウサギの姿を月に描いたというお話です。

羽衣伝説

天女が地上で遊んでいて、みんなは羽衣を着て天に帰って行ったが、一人だけ男に羽衣を取られてしまい、帰ることができなかった、というのが羽衣伝説のあらすじです。

似たような話が、中国の『捜神記』という本に見えます。ちょうど、三国志の舞台となった時代の直後、司馬氏の建てた王朝があった時代に作られた本です。ですから、今から1700年くらい前のことになります。こちらの話では、羽衣を着た女性たちは、鳥になって飛び去っていきます。しかし、一人だけ羽衣を奪われて、地上に残ることになります。鳥になって飛び去るところが違いますが、羽衣伝説と似ている話です。

ところで、天女たちが大切にしている羽衣。『竹取物語』に出てくるかぐや姫も、最

ソップ物語ではアリとセミの話だったのですが、セミがあまりいない国では、セミがキリギリスへと変わっていったそうです。結末もセミやキリギリスに食べ物を与えるもの、与えないものといったパターンがあります。
　いずれにせよ、「備えあれば憂いなし」という教訓を含んだものでした。

　この話は、日本の『今昔物語集』にも採られ、広まっていきました。何気なく見上げる月と、その中に見える黒い部分。そこに見えるウサギの影には、けっこう真面目な話があったのでした。
　ちなみに、インドの仏教説話では、焼け死ななかったウサギですが、『今昔物語集』では焼け死んでしまっています。

後に羽織っています。こちらの羽衣は、身につけると、それまでの竹取の翁に対する気持ちも消え失せてしまうという恐ろしいもの。せっかく大事に育ててきたのに、翁かわいそう……。
　羽衣はどの物語でも特別な力をもつようです。
　日本では、丹後地方や滋賀県の長浜市、静岡市の三保松原に羽衣伝説が残っています。

今を切りとってキャンバスに 世界を巡った絵師たちの思い

浮世絵って、色鮮やかだよね。海外の人も影響を受けたというけど、それだけの魅力があったってことかな。

平和な江戸時代

流行を知るアイテム

戦国時代が終わり、江戸時代が始まると、人々は太平の世を謳歌するようになりました。その中で、「浮世」＝世間のことを描いた「浮世絵」という版画が、菱川師宣によって作られます。1670年代に作られた時は、まだ墨一色刷でした。

浮世絵でメジャーなものといえば、「美人画」や「役者絵」。喜多川歌麿の「ビードロを吹く娘」（ポッピンを吹く女とも）、東洲斎写楽の大首絵などがあります。値段は今でいうと1枚400円くらいでした。お買い得！

～浮世絵、印象派、南画、遠近法～

そうだね。浮世絵は、先に海外で評価されたんだよ。特にゴッホは熱心なコレクターだったみたいだよ。

包み紙として海外へ

ジャポニズムの時代

江戸時代、日本と海外の交流は限られていました。しかし、浮世絵が陶磁器の破損防止のための包み紙として使われていたことで、ヨーロッパに伝わります。これで印象派やフランスの画家が、浮世絵の影響を受けたとされています。

大政奉還があった1867年、パリで開かれた万国博覧会に「浮世絵」をはじめとした日本のものが出品されます。このこともあり、ヨーロッパでは「ジャポニズム」という日本のものに対する流行が興ったのでした。

第4章　文化

111

印象派

印象派という名前は、1872年にモネの描いた「印象、日の出」という絵に由来するもの。特徴は、宗教画や歴史画ではなく、日常の1コマを描くこと。それから、鮮やかな色彩です。色彩が豊かになったのは、風景を描くために**屋外で描いたから**ともいわれています。屋外で描けるようになった理由に、19世紀の中頃、持ち運びに便利な**チューブ入りの絵の具**が発明されたことが挙げられます。

また、カメラの台頭も忘れてはなりません。「写真」と「写実的な絵画」の違いって何？　と考える人たちが現われます。彼らは印象派の、実物そのもの以上のその色彩に魅了されたのでしょう。

南画

南画というと日本の絵画ですが、中国には**南宗画**というものがあります。

南宗画とは、8世紀、唐の時代の王維が祖とされ、知識人がたしなみに描いたといわれている、水墨画を主体とするやわらかな線が特徴的な絵です。ちなみに王維は、「詩仏」と称されるほど漢詩にたけ、音楽、絵画の才もずば抜けていました。詩の中で「前進応画師（前世はまさに画家なるべし）」と自分で詠むほど！　それが江戸時代の中期に日本に入ってきて知識人に好まれ、南画と呼ばれる絵になりました。

南画で有名な作家に池大雅や与謝蕪村がいます。与謝蕪村は「菜の花や月は東に日は西に」などの句で知られた人でもあります。

遠近法

図画工作の時間、校舎を描くような授業がありませんでしたか？　校舎のような**長くて奥行きのあるものを描くとき**、知っておくと描きやすい技法が遠近法です。

遠近法はルネサンス期に使われるようになったといわれています。かの、レオナルド・ダ・ヴィンチも重宝していたとか。風景をリアルに描くために便利な方法なんです。18世紀くらいまでにこの技法が完成され、その後、江戸時代中期になって、日本にも輸入されてきたのでした。

現在でも、18世紀後半の浮世絵で、遠近法を用いて描かれた作品、歌川豊春の「浮絵駿河町呉服屋図」を見ることができます。この絵は100畳をこえる奥行きの

印象派の画家というと、モネ、ルノワール、ゴッホなど、日本でも好まれている画家がたくさんいます。印象派が活躍した時代は、日本における文明開化の時代で、西洋文化に興味のある人が多かったからと考えられます。

浮世絵に影響を受けた印象派の絵画に、日本人がまた影響を受ける——世界のつながりは深いんですね。

南画というからには北画があるのか、といわれればそのとおり。北画は中国の北宗画がもとになったもので、室町後期の画家・雪舟や、狩野派などが有名です。こちらは、力強い線が特徴。

明治維新以降は、南画はあまり注目されなくなりましたが、幕末の知識人、渡辺崋山らを経て、現在まで受け継がれています。

ある店の様子を描いたもので、奥にあるものほど、柱や人、畳などが小さくなっています。

「**浮絵**」というのは、遠近法を用いて立体的に見えるという意味。また「くぼみ絵」「へこみ絵」などとも呼ばれました。遠くの風景がくぼんでいるように見えたのですね。当時の人にとっては、不思議な絵だったのかも知れません。

芸術愛

永遠のテーマ「健康長寿」不屈の精神が病を遠ざける!

iPS細胞とか、オートファジーとか、ニュースで聞くけどよく分からなーい!

再生医療への挑戦

iPS細胞誕生

臓器などの働きが失われた場合、その働きを復活させるには臓器などを移植する必要があります。しかし、患者と免疫のタイプの合わない人から移植すると、拒絶反応が起こるため、免疫のタイプの合う人からの提供を待たなければなりません。

そこで注目されているのが「人工多能性幹細胞」といわれるiPS細胞です。2006（平成18）年に世界で初めてマウスの細胞から作られ、その後ヒトでも作られました。この細胞は、身体の様々な部分になることができる万能細胞です。

〜iPS細胞、オートファジー、胃カメラ、ペニシリン〜

これまで治療できなかった病気への効果が期待されるものだよ。どんなものか見てみようよ。

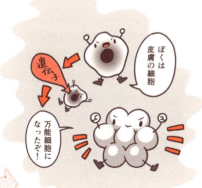

第4章 文化

どう作られる？

iPS細胞は、患者から取り出した細胞に、万能細胞にできる遺伝子を入れる方法で作られます。受精卵のように、どの細胞にもなれる状態に、細胞を戻すのです。患者の細胞から作るので、拒絶反応の心配がないといわれています。

ノーベル賞受賞

iPS細胞で、病気になっている内臓の代わりのものを作れば、これまで治らなかった病気の人も治る可能性が出てきます。iPS細胞の発見は、世界に認められ、2012（平成24）年に山中教授は、ノーベル生理学・医学賞を受賞しました。

オートファジー

　2016年のノーベル生理学・医学賞を受賞した大隅良典教授。研究しているのは、オートファジーです。オート(auto)は「**自分**」のこと、ファジー(phagy)は「**食べる**」という意味。自分を食べるなんてグロテスクと思ってしまいますが、細胞レベルのお話です。細胞ひとつひとつには、体内で不要になったタンパク質をアミノ酸に分解して、そのアミノ酸から、体に必要な**タンパク質を新たに生み出すシステム**があるのです。しかも毎日リサイクルが行われているとか。不思議！

　人間は外部から栄養をとらなければ身体を維持できませんが、健康な人が何らかの事情で食事ができなくなることがあります。遭難した場合などがそうです。でも、

胃カメラ

　かつて、胃などを調べるのに胃カメラでの検査が行われてきました。細くなった先にカメラとランプがついていて、手元の操作で体の中の画像が見られるという、あれです。

　日本は胃がんに苦しめられている人が世界でいちばん多い国……。ということで、世界で初めて胃カメラを作ったのは、日本のメーカーでした。1950(昭和25)年のことです。当時のものは、フィルムまでが細くなった部分に入っていました。

　胃カメラ制作は苦心の連続。特に、極小かつ強力な光をはなつランプの開発には、**自転車のライト**を作る工場の職人と試行錯誤を繰り返したそうです。

ペニシリン

　抗生物質は、風邪のような症状で病院に行ったとき、処方された薬に入っていたりします。この抗生物質、細菌などを増やさないようにする効果があるのです。

　そのような抗生物質で世界初のものはペニシリン。発見したのはイギリスの医師アレクサンダー・フレミング氏です。1928年のことでした。発見したのは、実験用のシャーレに**青カビ**が生えてしまったことがきっかけです(実は失敗から発見したのです！)。フレミング氏はインフルエンザの研究でブドウ球菌の培養をしていました。失敗したそのシャーレをよく観察すると、青カビの周りだけ、細菌が死んでいたのでした。そこで、青カビを調べてみると、抗生物質を発見……というワケ。

数日間何も食べられない状態にありながら生還する人もいますよね。それは、オートファジーのおかげなのです。体内でタンパク質がつくられているので、水だけあれば「1ヶ月ほど生きられる」といわれています。

この働きを活性化したり、止めたりすることで、アルツハイマー病やがんなどの病気の治療に役立つのではないかといわれています。

その後、映像として見られる内視鏡として進化し、さらに、近頃では、鉗子などが取りつけられるようになっていて、異物の除去や組織採取といったように、単に「見る」だけでなく機能は様々です。もし、内視鏡がなければ、開腹手術をしなければならなかった症例もあるでしょう。

今では、**カプセル型胃カメラ**も作られているとか。そのうち主流となるかも!?

この発見がもととなって、肺炎や破傷風で苦しんでいた人たちの多くが救われ、その功績から、1945年にはノーベル生理学・医学賞がおくられました。

現在では、様々な種類のある抗生物質。使いすぎは良くないとされていますが、これからも、細菌による感染症に苦しむ人には強い味方であることは間違いありません。

ドキドキ 聴診器の歴史

未知の宇宙にアタック!!
日本の技術が華々しく活躍中

かぐや姫の話を見ても、昔から月にあこがれがあったんだろうなあ。今日の十五夜はいいねえ。

物語で語られた時代

平安時代の『竹取物語』にも見るように、世界には月にまつわる様々な伝説があります。1634年には、ドイツの天文学者のヨハネス・ケプラーが、月旅行について科学的な知識を使って、『夢』という物語を書いています。

宇宙開発時代

実際に人類が月面を目指すのは、20世紀になってからのことです。1960年代、アメリカと当時のソビエト連邦は宇宙開発に力を入れていました。1969年、とうとうアメリカのアポロ11号の宇宙飛行士が月面に降り立ちました。

～月探査、有人宇宙飛行、宇宙ヨット、宇宙食～

> お団子ばっかり食べないで、月も見ようよ。月探査のおかげで、いろんなことが分かってきてるんだよ。

第4章 文化

月調査の時代

アポロ11号や1970年のソ連の無人探査機ルナ16号によって月の石や土が地球に持ち帰られます。1990年代には月の成り立ちなど、研究の幅が広がってきました。直接月を調べることは、地球や太陽系の謎の解明につながるようです。

日本の月探査機

2007年、種子島宇宙センターから月探査機「かぐや」が打ち上げられました。この「かぐや」には「おきな」「おうな」という2つの子衛星があり、「おきな」は「かぐや」が月の裏側にあるときに、電波をやり取りする役割をもっていました。

有人宇宙飛行

　人類が宇宙空間に飛び立ったのは1960年代以降のことです。まずは1961年、旧ソ連（ソビエト連邦）が世界初の有人宇宙飛行船、**ウォストーク１号**を打ち上げます。「地球は青かった」という名言は、このとき乗船していたユーリ・ガガーリン宇宙飛行士のもの。

　以来、1969年には**アポロ11号**の月面着陸があり、1970年代になると、いよいよ宇宙空間に滞在する時代に突入します。旧ソ連が世界初の宇宙ステーションを打ち上げたり、1981年にはアメリカがスペースシャトルでの飛行を成功させたりしました。1992年に、毛利衛さんが日本人宇宙飛行士として初めて宇宙へ行った

宇宙ヨット

　ヨットというと、帆に風を受けて進むというイメージがあります。宇宙ヨットの場合は、受けるのは太陽光。光が物に当たったときに出る力（光圧）で宇宙空間を飛ぼうというものです。しかし、この宇宙ヨットの帆の部分は１辺14ｍの正方形。そのまま打ち上げるには大きすぎます。

　そこで、必要なのが大きな帆を、効率よく、小さく折りたたむ技術。正方形を折りたたむ、と聞いてピンとくる人もいるのでは。そう、日本の伝統的な遊び、**折り紙**の知識が役に立つというわけです。

　2010年に打ち上げられたJAXA（宇宙航空研究開発機構）の宇宙ヨット「イカロ

宇宙食

　宇宙食に日本食があるって知ってましたか？　その名も、宇宙日本食。お米関係だと、白米はもちろん、赤飯、おこわ、おにぎり、白がゆがあります。ラーメンは３種類、サバの味噌煮やしゃぶしゃぶのようなおかずも。さすがに宇宙でしゃぶしゃぶはできず、肉を味付けしたものをフリーズドライしたものです。スイーツも充実しています。和菓子でいうと、ようかんがあります。洋風なスイーツではゼリー。ここまでくると、和風の飲み物も飲みたくなるところですが……ありますよ！　**緑茶**が！

　ガガーリンは地球１周だけだったので食事はほぼとらなかったとか。同年（1961

のはご承知のとおり。

1998年には、国際宇宙ステーションの建設が始まり、2000年からは長期滞在が可能となっています。

今や民間旅行会社が宇宙旅行プランを売る時代。値段はまだお高いですが、そのうち家族で宇宙旅行ができる時も近いかも知れません。

ス」の帆は、中心にある本体に巻きつけるようにたたまれていて、本体を回すことで、遠心力で開くようになっています。確かに、巨大な折り紙のよう……。この「イカロス」は、世界初の宇宙ヨットとされています。

宇宙ヨットは、より少ない燃料で動かせる効率の良いものです。宇宙探査が進む中で、より注目を集めることでしょう。

年)ウォストーク2号に乗り地球を3周して1日を過ごしたのがゲルマン・チトフ。彼が初めて宇宙食を食べたそうですが、**チューブの流動食**でした。単独飛行で流動食の孤食……さぞやさびしかったでしょう。

今やクルーのみんなとおいしく食べられる至れり尽くせりの宇宙食。宇宙飛行士の心身を支えるものの1つなのでしょうね。

地中から宇宙へ

俺はいつも土の中だから宇宙にあこがれるよ でもこの歳じゃ宇宙飛行士は無理だしな…

宇宙エレベーターが完成したら行けちゃうかも！
エレベーター!?宇宙まで？

最近日本でエレベーターに必要な建材が発明されたんだ
へぇ～すごいじゃないか！

しかし宇宙から引っ張る人が大変だなどんな力持ちが…
人は引っ張らないよ!!

第4章 文化

121

信じる者は救われる!?
昔からのおまじないやジンクス

魔女はほうきに乗ってるじゃない？　日本でも逆さに立てるとかおまじないに使われるよね。

神様のためにきれいにしなきゃね

正倉院のほうき

コウヤボウキ

古くから、ほうきは神聖なものだったことが分かります。正倉院には、蚕（かいこ）の神をまつる儀式で、部屋を清めるために使ったと思われるほうきが収められています。それが、金糸やガラス玉を使った「子日（ねのひの）目利箒（めとぎのほうき）」です。

ほうきにまつわる不思議な話はいろいろあります。例えば、高野山では竹ほうきはNG。これは、弘法大師が参拝者を襲う大蛇を払う（封じる）のに使ったのが竹ほうきだったため、それ以降使用を避けるようになったという説があります。

～ほうき、四つ葉のクローバー、
　　生まれ年のコイン、北枕～

「逆さ箒（ほうき）」は長く居座る客が早く帰りますように……ってやつね。ほうきには不思議な力があるのかな。

第４章　文化

ほうきの神様

ほうきにはお産の神様「ハハキガミ」がついていると考えられています。そのため、安産祈願として、新しいほうきで妊婦のお腹をなでると良いとか。安産祈願用のほうきを作っているところもあります。

西洋のおまじない

西洋でも、嫌な人や災いを遠ざけるためのおまじないで、ほうきを使うことがあるようです。もともと、洋の東西問わず、部屋などをきれいにするために使われているほうきですから、何かを清めたいときに使いたくなるアイテムなのかも。

123

四つ葉のクローバー

好きな人に幸運をプレゼントしたくて四つ葉のクローバーを探す、なんて、ロマンチックな気がしませんか。そして、なかなか見つからないのは、さすが幸運のシンボル。見つけられる確率は、0.01とも、0.001％ともいわれています。

見つかりにくいのは当たり前です。クローバーの葉は**3枚で1セット**なのですが、成長過程で人に踏まれるなどして、葉が3枚に分かれる部分が傷つけられると、四つ葉のクローバーが生まれるからです。

四つ葉のクローバーが幸せを呼ぶという考えは、その形に由来があります。もともと、クローバーは三つ葉の状態でもキリスト教の**三位一体**を表すといわれていま

生まれ年のコイン

自分が生まれた年の100円玉を探したことがありますか。日本でも時々、生まれ年の硬貨（**バースイヤーコイン**）を財布などに入れている人がいます。

欧米では珍しいことではなく、バースイヤーコインをおまもりや、幸運をもたらすアイテムとして持つ人が多いそうです。紙や布でくるんで財布に入れたり、ネックレスなどのアクセサリーに加工したり。バースイヤーコインは、収集の対象となっているほか、贈り物にする人もいるとか。でも、使用してしまうとダメ！幸運が逃げていくらしいです……。

日本でも、100円玉のほかに、5円玉、10円玉などでも生まれ年のものを探す

北枕

北枕は縁起が悪いといわれます。その理由は、亡くなった人を北向きに寝かせるから。なぜ、北向きに寝かせるのかというと、インドでお釈迦様が**涅槃**に入られた（亡くなられた）ときが北枕だったからなのです。つまり、お釈迦様は北枕で寝ていらっしゃったということになります。

もともと、インドでは**北に楽園がある**と考えられているともあります。しかし、亡くなった人を北枕で寝かせるという習慣から、結果として、日本では「死」を連想させるものとして、北枕が嫌われるようになったのでした。

実際に北枕にして、生理学的な観点から見て、身体に不調をきたす、ということ

した。それが四つ葉になると、十字架に形が似るので、こちらも良いものだと考えられたといわれています。

幸福の象徴として日本にもすっかり根付いた四つ葉のクローバー。探すなら、人が踏んでいそうなところが良さそうです。ただし、あまり人通りが多いと、奇妙な目で見られるかも知れませんが。

———

人がいるようです。「5円玉2枚」が金運アップになるというおまじないもあるようなので、人気があるのかも？

おつりでもらったコインを調べてみると、けっこう古いものも混じっているもの。自分のバースイヤーコインはもちろん、家族のものも探してみたら見つかるかも知れませんね。

———

はないようです。そのほか、風水の世界では、必ずしも北枕が良くないものではないともいわれます。

死をイメージすることから避けられてきた北枕。実は「頭寒足熱（頭を冷やして足を温める）」という面からも、良く眠れるという説もあるのです。

第4章　文化

花火を彩る歴史

　日本で花火を最初に見た人は誰でしょうか。

　記録に残っている限りでは、徳川家康という説が有力です。1613年、イギリス国王の使者を案内してきた中国の人が花火を揚げたといわれています。

　火薬は中国で発明されたものと伝わっていますが、観賞用の花火が最初に作られたのはイタリアとされています。その後、ヨーロッパ各地に広がり、日本に入ってきたというわけです。

　今でも、花火大会といえば大賑わい。当時の江戸の人々も花火が好きだったようで、大流行。とはいえ、火薬を扱うものなので、火災が起きることもあったようです。江戸時代の家屋は木造で密集していたので火事に弱く、大惨事も。防災を考慮し、幕府は花火禁止令を出すようになりましたが、あまり効果はなかったといわれています。

　今では、隅田川の花火大会として知られる両国川開きの花火は、実は八代将軍徳川吉宗が始めたのです。前年の飢饉や、コレラの流行で亡くなった人をとむらうためでもありました。

　すっかり夏の風物詩として日本に根付いた花火。現在では、各地で花火大会が開かれ、地元の人だけでなく、観光客も押し寄せる、夏を彩る一大イベントとなっています。

参考書籍

『オムライスの秘密　メロンパンの謎―人気メニュー誕生ものがたり―』株式会社新潮社　　澁川祐子

『面白いほどよくわかる発明の世界史』株式会社日本文芸社　　監修者　中本繁実

『クール・ジャパン!?――外国人が見たニッポン』株式会社講談社　　鴻上尚史

『この一冊で西洋と日本の美術がわかる本』PHP研究所　　美術鑑賞倶楽部

『30の発明からよむ世界史』日本経済新聞出版社　　監修者　池内了　編著者　造事務所

『日本発！　世界のヒット商品』毎日新聞社　毎日新聞経済部編

『ニッポンの大発明　歴史を変えたメイド・イン・ジャパン』辰巳出版株式会社　　グレイン調査団編

『幻の黒船カレーを追え』株式会社小学館　　水野仁輔

STAFF

企画・編集	山田吉之、奥田静子、松浦瑞枝（株式会社エディット）
装　　丁	堀あやか（株式会社エディット）
本文意匠	コンゼブロー・キブ
本文組版	株式会社千里

明日ともだちに自慢できる
日本と世界のモノ歴史 113

発行日　2017 年 12 月 13 日　第 1 刷

著　者	冨士本昌恵
画	此林ミサ
発行人	井上 肇
編　集	堀江由美
発行所	株式会社パルコ
	エンタテインメント事業部
	東京都渋谷区宇田川町 15-1
	03-3477-5755
	http://www.parco-publishing.jp
印刷・製本	株式会社 加藤文明社

© 2017 Masae Fujimoto
© 2017 Misa Kobayashi
© 2017 EDIT CO.,LTD.
© 2017 PARCO CO.,LTD.

無断転載禁止

ISBN978-4-86506-245-8 C0020
Printed in Japan

落丁本・乱丁本は購入書店名を明記のうえ、小社編集部あてにお送りください。
送料小社負担にてお取り替え致します。
〒150-0045　東京都渋谷区神泉町 8-16　渋谷ファーストプレイス
パルコ出版　編集部